U0035720

思想觀念的帶動者
文化現象的觀察者
本土經驗的整理者
生命故事的關懷者

Mental Health

黑暗來襲，風暴狂飆，讓生命承載著脆弱與艱辛

猶如汪洋中一塊浮木，飄向無盡混沌迷霧

勇敢接受生命中的不完美，視為珍寶禮物

懷著信心、希望與愛，重燃生命，點亮靈魂！

開心紓壓

給壓力一族的心靈妙方

壓力是重要的健康警訊，問問自己：我還好嗎？
找到適合的宣洩管道，生活自然輕盈又自在！

臺大醫師到我家
MentalHealth (009)
精神健康系列

謝明憲————著

總策畫　高淑芬
主編　　王浩威、陳錫中
合作單位　國立臺灣大學醫學院附設醫院精神醫學部
贊助單位　財團法人華人心理治療研究發展基金會

【總序】

視病如親的具體實踐

高淑芬

　　我於2009年8月，承接胡海國教授留下的重責大任，擔任臺大醫學院精神科、醫院精神醫學部主任，當時我期許自己每年和本部同仁共同完成一件事，而過去四年已完成兩次國際醫院評鑑（JCI），國內新制醫院評鑑，整理歷屆主任、教授、主治醫師、住院醫師、代訓醫師於會議室的科友牆，近兩年來另一件重要計畫是策劃由本部所有的主治醫師親自以個人的臨床經驗、專業知識，針對特定精神科疾病或主題，撰寫供大眾閱讀的精神健康保健叢書，歷經策劃兩年，逐步付梓，從2013年8月底開始陸續出書，預計完成全系列十七本書。

　　雖然國內並無最近的精神疾病盛行率資料，但是由世界各國精神疾病的盛行率（約10～50%）看來，目前各

種精神疾病的盛行率相當高，也反映出維持精神健康的醫療需求量和目前所能提供的資源是有落差。隨著全球經濟不景氣，臺灣遭受內外主客觀環境的壓力，不僅個人身心狀況變差、與人互動不良，對事情的解讀較為負面，即使沒有嚴重到發展為精神疾病，但其思考、情緒、行為的問題，可能已達到需要尋求心理諮商的程度。因此，在忙碌競爭的現代生活，以及有限的資源之下，這一系列由臨床經驗豐富的精神科醫師主筆的專書，就像在診間、心理諮商或治療時，可以提供國人正確的知識及自助助人的技巧，以減少在徬徨無助的時候，漫無目的地瀏覽網頁、尋求偏方，徒增困擾，並可因個人問題不同，而選擇不同主題的書籍。

即使是規律接受治療的病人或家屬，受到看診的時間、場合限制，或是無法記得診療內容，當感到無助灰心時，這一【臺大醫師到我家‧精神健康系列】叢書，就像聽到自己的醫師親自告訴你為什麼你會有困擾、你該怎麼辦？透過淺顯易懂的文字，轉化成字字句句關心叮嚀的話語，陪伴你度過害怕不安的時候，這一系列易讀好看的叢書，不僅可以解除你的困惑，更如同醫師隨時隨地溫馨的叮嚀與陪伴。

　　此系列叢書最大的特色是國內第一次全部由臺大主治醫師主筆,不同於坊間常見的翻譯書籍,不僅涵蓋主要的精神疾病,包括自閉症、注意力不足過動症、早期的精神分裂症、焦慮症、失智症、社交焦慮症,也討論現代社會關心的主題,例如網路成癮、失眠、自殺、飲食、兒童的情緒問題,最後更包括一些新穎的主題,例如親子關係、不想上學、司法鑑定、壓力處理、精神醫學與遺傳基因。本系列叢書也突顯臺大醫療團隊的共同價值觀——以病人為中心的醫療,和團隊合作精神——只要我們覺得該做的,必會團結合作共同達成;每位醫師對各種精神疾病均有豐富的臨床經驗,在決定撰寫主題時,大家也迅速地達成共識、一拍即合,立即分頭進行,無不希望盡快完成。由於是系列叢書,所以封面、形式和書寫風格也需同步調整修飾,大家的默契極優,竟然可以在忙於繁重的臨床、教學、研究及國際醫院評鑑之時,順利地完成一本本的書,實在令人難以想像,我們都做到了。

　　完成這一系列叢書,不僅要為十七位作者喝采,我更要代表臺大醫院精神部,感謝心靈工坊的總編輯王桂花女士及其強大的編輯團隊、王浩威及陳錫中醫師辛苦地執行編輯和策劃,沒有他們的耐心、專業、優質的溝通技巧及

時間管理，這一系列叢書應該是很難如期付梓。

人生在世，不如意十之八九，遇到壓力、挫折是常態，身心健康的「心」常遭到忽略，而得不到足夠的了解和適當的照顧。唯有精神健康、心智成熟才能享受快樂的人生，臺大精神科關心病人，更希望以嚴謹專業的態度診療病人。此系列書籍正是為了提供大眾更普及的精神健康照護而產生的！協助社會大眾的自我了解、回答困惑、增加挫折忍受度及問題解決能力，不論是關心自己、孩子、學生、朋友、父母或配偶的身心健康，或是對於專業人士，這絕對是你不可或缺、自助助人、淺顯易懂、最生活化的身心保健叢書。

【主編序】

本土專業書籍的新里程

王浩威、陳錫中

　　現代人面對著許多心身壓力的困擾，從兒童、青少年、上班族到退休人士，不同生命階段的各種心身疾患和心理問題不斷升高。雖然，在尋求協助的過程，精神醫學的專業已日漸受到重視，而網路和傳統媒體也十分發達，但相關知識還是十分片斷甚至不盡符實，絕大多數人在就醫之前經常多走了許多冤枉路。市面上偶爾有少數的心理健康書籍，但又以翻譯居多，即使提供非常完整的資訊，卻也往往忽略國情和本土文化的特性和需求，讀友一書在手，可能難以派上實際用途。

　　過去，在八〇年代，衛生署和其他相關的政府單位，基於衛生教育的立場，也曾陸續編了不少小冊式的宣傳品。然而，一來小冊式的內容，不足以滿足現代人的需

要：二來，這些政府印刷品本身只能透過分送，一旦分送完畢也就不容易獲得，效果也就十分短暫了。

於是整合本土醫師的豐富經驗，將其轉化成實用易懂的叢書內容，成為一群人的理想。這樣陳義甚高的理想，幸虧有了高淑芬教授的高瞻遠矚，在她的帶領與指揮下，讓這一件「對」的事，有了「對」的成果：【臺大醫師到我家・精神健康系列】。

臺大醫院精神醫學部臥虎藏龍，每位醫師各有特色，但在基本的態度上，如何秉持人本的精神來實踐臨床的工作是十分一致的。醫師們平時為患者所做的民眾衛教或是回應診間、床邊患者或家屬提問問題時的口吻與內容，恰好就是本書系所需要的內涵：儘可能的輕鬆、幽默、易懂、溫暖，以患者與家屬的角度切入問題。

很多人都是生了病，才會積極尋求相關資訊；而在尋尋覓覓的過程中，又往往聽信權威，把生病時期的主權交託給大醫院、名醫師。如果你也是這樣的求醫模式，這套書是專為你設計：十七種主題，案例豐富，求診過程栩實，醫學知識完整不艱澀，仿如醫師走出診間，為你詳細解說症狀、分享療癒之道。

編著科普類的大眾叢書，對於身處醫學中心的醫師們

而言，所付出的心力與時間其實是不亞於鑽研於實驗室或科學論文，而且出書過程比預期的更耗工又費時，但為了推廣現代人不可不知的心身保健的衛教資訊，這努力是值得的。我們相信這套書將促進社會整體對心身健康的完整了解，也將為關心精神健康或正為精神疾患所苦的人們帶來莫大助益。

這樣的工作之所以困難，不只是對這些臺大醫師是新的挑戰，對華文的出版世界也是全新的經驗。專業人員和書寫工作者，這兩者角色如何適當地結合，在英文世界是行之有年的傳統，但在華文世界一直是闕如的，也因此在專業書籍上，包括各種的科普讀物，華人世界的市面上可以看到的，可以說九成以上都是仰賴翻譯的。對這樣書寫的專門知識的累積，讓中文專業書籍的出版越來越成熟也愈容易，也許也是這一套書間接的貢獻吧！

這一切的工程，從初期預估的九個月，到最後是三年才完成，可以看出其中的困難。然而，這個不容易的挑戰之所以能夠完成，是承蒙許多人的幫忙：臺大醫院健康教育中心在系列演講上的支持，以及廖碧媚護理師熱心地協助系列演講的籌劃與進行；也感謝心靈工坊莊慧秋等人所召集的專業團隊，每個人不計較不成比例的報酬，願意投

入這挑戰；特別要感謝不願具名的黃先生和林小姐，沒有他們對心理衛生大眾教育的認同及大力支持，也就沒有這套書的完成。

這是一個不容易的開端，卻是讓人興奮的起跑點，相信未來會有更多更成熟的成果，讓醫病兩端都更加獲益。

【自序】

天天開心，迎接人生

謝明憲

　　我在臺大醫院精神醫學部服務多年，發覺許多來門診求診的個案，不一定有精神科的疾病診斷，但是常有現代化社會緊湊步調下，面對不同人、事、物時的壓力適應問題。不過，這些壓力適應不佳的個案，也不一定會出現在精神科門診，而有可能出現在其他科別例如心臟科、腸胃科等的門診，因為身心是一體的兩面，若對壓力適應不佳，也可能引發身體的狀況，或是加重原先的身體疾病。

　　當然求醫與否，是每個人的自由抉擇，但生活中的壓力造成身體不適與心情影響，則是人人相同的。無怪乎世界衛生組織要將健康定義為「身體、心理及社會之完全安寧的狀態，而不僅是沒有疾病或虛弱」（Health is a state of complete physical, mental and social well-being and not

merely the absence of disease or infirmity.）；意即如果沒有
心理（心態）與社會（人際關係）做後盾，身體生病經常
只是最後的結果。換句話說，「身體生病」只是露出海面
的冰山一角，真正該想想的是海面下那個看不到的巨大底
部──心理（心態）與社會（人際關係）有沒有可以調整
的空間？

　　＊＊＊　　　　＊＊＊　　　　＊＊＊

　　什麼是天堂？什麼是地獄？什麼又是人間呢？
　　天堂：隨時可以不用面對自己不喜歡的人、事、物。
　　地獄：隨時要面對自己不喜歡的人、事、物，每分每
秒都度日如年。

　　在天堂，不想做的事就可以不做、不想理的人就可以
不理，隨時可以讓不開心的人事物從眼前消失。例如在職
場，主管如果看到不夠好的下屬，就立刻將他開除或調離
自己負責單位；若是下屬遇到受不了的上司，就馬上辭職
走人。
　　然而在現實生活裡，能真正敢像「在天堂」這樣做

的人畢竟有限，大部分的人還是得面對自己不喜歡的人、事、物。一旦這些不愉快的人事物如影隨形，讓我們每分每秒都度日如年，那豈不就是在地獄了嗎？〔註〕

那麼，什麼又是人間呢？人間就是即使面對自己不喜歡的人、事、物，也能夠盡力而為：無論成敗，凡事用心盡力。不想做的事，我們用心找出能改善的部分；不想理的人，我們盡量找出能溝通的方式。也就是說，在人間，我們活在當下，每天都開心做好個人分內的事，要為自己在崗位上的努力而喝采，不要讓不愉快的人事物成為壓力的來源。

＊＊＊　　　＊＊＊　　　＊＊＊

本書寫作的緣起，就是希望讓讀者在認識壓力、了解壓力之後，面對不同的人、事、物時，能夠開心與紓壓。

首章介紹壓力的定義與來源，以及壓力對於個人表現的效果。讓大家思考為何在同樣的壓力因子（例如大塞車）下，有人會破口大罵、情緒暴躁，卻也有人能心平氣和、善用時間。接下來第二、三章分別探討壓力對於身體與心理各層面之影響，讓讀者們明白壓力如何造成及加重

身體的不適或疾病（小到耳鳴心悸，大到免疫疾病與癌症），以及心理的不適或疾病（思路亂、記憶差，甚至憂鬱症）。

明白壓力所造成的影響之後，本書後三章則詳述如何從內在心態與外在行為上進行開心紓壓：第四章探討容易產生壓力的個人特質與生活習慣；第五章從內在心態的角度，提供紓壓的認知與情緒原則；第六章則是從外在行為的角度，進行壓力管理。

相信藉由本書詳細的剖析，能讓飽受壓力困擾的現代人，在心靈以及生活上獲得一些幫助，並重新調整自己的步調，以達到世界衛生組織所說的健康定義：「身體、心理及社會之完全安寧的狀態」。

註：關於天堂與地獄，中世紀的歐洲有個簡潔與詼諧的註解：「在天堂，你將有永恆無止境的時間可以研讀宗教經書；那地獄呢？在地獄，你也一樣是有永恆無止境的時間可以研讀宗教經書……」

目　錄

【前言】

人人都是壓力一族

　　身處在節奏快速、緊張繁忙的現代社會，現代人不分
性別、年齡、職業，都有壓力越來越大的傾向。例如青少
年有升學、考試的壓力，2014年5月首屆十二年國教會考
之前，由於不確定性太高，媒體報導有考生焦慮到一夜白
髮，還夢見落榜。

　　上班族也有很大的工作壓力。董氏基金會在2014年5
月發表調查報告顯示，高達二百零九萬的台灣成人有明顯
憂鬱情緒，其中超過兩成是因為工作而憂鬱。

　　這份針對上班族的問卷調查發現，在職場上，不同
性別感受到的壓力排序略有不同，男性上班族壓力來源前
三名為業務（工作量過多、業績壓力等）、健康（長期外
食、沒時間運動等）及時間（工作時數過長、工作時間日
夜顛倒等），女性則為健康、業務及時間。

　　即使是日常居家生活，也並不輕鬆，例如這幾年陸續

發生的嬰幼兒配方乳粉中含有三聚氰胺，以及塑化劑、毒
澱粉、毒醬油、混充米、銅葉綠素等食安問題，讓主婦們
採購時也充滿壓力。

此外，還有中年失業、老年退休、健康問題、人際困
擾、家庭教養等各種壓力，在在顯示壓力管理和現代人的
生活關係密切。

從各大醫院精神科（在台灣，大多數的醫院都稱「精
神科」，少數醫院稱「身心醫學科」）求診人數越來越多
的趨勢，也可以看出現代人普遍為壓力所苦。

【案例一】

經常有考試壓力的學生族

曉萍，十五歲，就讀國中三年級，期中測驗數學和英
文兩科，自認拿手的數學考了九十九分，一向強求完美的
她，因為沒有得滿分而感到十分懊惱。在前段班裡，同學
的英文成績都很好，曉萍只考了六十分，不免感到極大的
壓力，甚至覺得是莫大的侮辱。

【案例二】

操煩不完的全職家庭主婦

三十六歲的李小姐，有個體貼的先生，夫妻倆育有一兒一女，分別為三歲、五歲，她是個全職的家庭主婦，打理家計之餘也跟著姊妹炒炒股票。生活單純的她，卻逐漸開始出現頭痛、肩頸痠痛、耳鳴、精神不濟等身體症狀。

李小姐到醫院各科求診，經過各項內外科檢查後，仍然查不出造成全身不適的原因，後來被轉介到精神科，才發現是壓力造成的心身症候群。原來在日常生活中，李小姐隨時都承擔著極大的壓力。

就以買賣股票來說，漲勢時她氣自己沒有賣在最高點；跌停板她也懊悔沒及早賣出，因此不管股市是漲是跌，對她來說都是無限壓力。此外，她把家中的人事物都當作自己的責任，兒女只要生病發燒，李小姐就自責照顧不好，讓兒女著涼才生病，即使先生什麼話都沒說。

偶爾南部的公婆上台北來吃頓飯，無心隨口說的話，她都會揣想是否有弦外之音，以致於要更加努力扮演好媳婦的角色。

【案例三】

長期處於緊張焦慮的企業主管

　　張先生，五十歲，擔任外商公司營運總監，五年來，為公司締造了非常亮麗的營業成績。然而，每天繁重的工作量、開不完的會議，再加上隨時需要因應、修訂決策，以及勞心耗時的人事管理等，使得他長期處於緊張焦慮的狀態。近一年來，他開始有全身痠痛、疲倦頭昏，胸悶心悸、血壓上升、消化不良、拉肚子、失眠等毛病，讓他更是心力交瘁。

　　在一個失眠的夜晚，張先生突然感到心跳加速，幾乎喘不過氣來，連忙到醫院掛急診。經過一連串的心臟檢查，卻找不出病因。後來因失眠困擾再次就診，經由身心醫學科醫師的診斷，終於找出他的病源在於壓力過大，經服用抗焦慮藥物，並進行認知行為治療與腹式呼吸訓練後，症狀逐漸減輕。

　　壓力不僅會造成心理的負擔，如果不善加處理，也可能造成身體的疾病。以上三個案例說明了高度自我要求、長期壓力過大，以及負向思考等因素，造成了許多不必要的病症。

　　不過，不同人在相同的外在壓力因子下，會有不同程度的壓力感受及反應。例如相較於上述案例一中的曉萍，另一位同學不太在乎成績，重心放在社團、朋友、網路遊戲、球隊或其他領域，那麼，對他來說六十分是低空飛過的好分數，自然不會感到壓力。同樣的，九十九分可能是他有史以來最好的分數，因而心生歡喜，覺得非常滿意。所以，壓力的強度不是絕對的，而是相對的。

　　此外，壓力雖是危機，卻也可能是轉機！我們都知道，在正常、適度的壓力下，可以激發潛能，提升努力的動機，例如因為有考試的壓力，才會驅使學生用功，爭取好成績；因為有比賽的壓力，球員更會努力表現，以贏得勝利及觀眾的喝采。家人吵架是一種危機，但是也可能促進家人之間的彼此了解，讓關係更親近。

　　現代人該如何透過對壓力的了解，來調整心境，做好因應、面對及處理，好讓身體和心理保持在穩定的狀態？本書即是希望防患於未然，以淺顯的文字來解析壓力，進

　　而在生活中運用自己內在心態與外在行為，以多管齊下的
方式來紓解壓力，讓讀者們輕鬆擁有健康、快樂的生活。

【第一章】

認識壓力

壓力猶如空氣，無所不在。
不管我們喜不喜歡，
壓力是現代人必須面臨的考驗之一。

　　現代的社會講究高效率、高付出，生活忙碌緊張，平日運動不足、缺少休閒安排，從報章雜誌上經常可聽聞因工作造成爆肝、暴斃或自殺的案例。不只上班族有壓力，家庭主婦、老人、小孩，也會因各種不同的壓力，導致身心俱疲。

　　根據行政院衛生署自殺防治中心的調查，台灣地區保守估計至少有20%的人口有壓力問題，而且人數正逐年增加中。

　　2010年11月，飛利浦企業公布一份針對全球二十三國、三萬一千名受訪者，調查健康與幸福觀點的研究報告，發現與他國相比，台灣民眾面臨壓力排名為全球第二（94%），僅次於印度（95%）。

　　上述政府與民間企業的調查結果，可以看出台灣人的苦悶，以及國內日益嚴重的壓力問題。

　　我們一定都有承受壓力的經驗，但對壓力的真實面貌卻可能一知半解。到底什麼是壓力？又有哪些因素會造成壓力呢？

醫｜學｜小｜常｜識

世界各地的壓力一族

根據各國的調查顯示，壓力已經是全球化的普遍現象。

- 香港《文匯報》2013年12月31日報導，以快節奏聞名的香港，逾七成上班族的壓力指數瀕臨爆表。其中，二十五至三十四歲的港人，受到工作和家庭的夾擊，成為各年齡層中最不快樂的一群。

- 香港十八歲以上的成年女性，近八成感受到明顯的生活壓力。最大的壓力來自經濟方面（28.7%），其次是健康（25.3%）、工作（15.5%）、管教子女（12.3%）等。

- 《星島日報》2014年8月11日報導，調查顯示，香港逾四成青年感到壓力大，不快樂，快樂指數只有六點四分，在亞洲十個國家地區中排第八，僅勝馬來西亞及澳門。最大困擾是錢財問題、對前途感覺憂慮，工作或課業也是主要壓力源。

- 超過半數的澳門中學生表示學習壓力大。六成半的學

生認　，壓力會帶來負面影響。近八成學生認為澳門教育機構和各學校有必要採取減輕中學生壓力的措施。

- 一項針對中國八〇後年輕人的調查顯示，經濟壓力、工作壓力、家庭和情感壓力，是目前生活面臨的三大主要壓力。

- 新加坡《海峽時報》引述保健促進局（Health Promotion Board）2013年的報告指出，每四個工作人口中，就有一個人感到壓力很大，佔25%，是近四年來新高。

- 法國《費加羅報》網站2013年11月28日報導，52%的年輕人（三十四歲以下）認為生活中充滿很大壓力，三成左右表達了對人生感到悲觀、消沉，有明顯憂鬱傾向。

- 英國保柏（Bupa）公司針對一萬名英國人進行調查，2013年11月6日發表報告指出，近半（44%）的英國人坦承最近壓力相當大，其中有近三成的人表

示，壓力帶來的壓迫感已經到達臨界點。造成英國人生活壓力的來源主要為財務、工作與家庭生活。另一項研究則指出，家長有壓力可能會因此忽略孩子的需要，進而影響孩子的發展。

- 據日本厚生勞動省2013年9月20日發表的一項調查顯示，有超過六成的勞動者感覺到對工作的不安和精神壓力。其中，最容易造成精神壓力的是公司內部的人際關係（41％），其次是工作的要求（33％）、工作量的增加（30％）。幸好，有九成的人回答說，自己遭遇煩惱和壓力時，身邊有可以交談的人。

- 美國心理學會2014年2月11日公佈的一項全國性調查發現，美國孩子普遍感到壓力大，甚至超過成年人。其中，有31％的孩子說他們「不堪重負」，30％的孩子自稱「鬱悶或憂傷」，36％的孩子感到疲憊或厭倦。此外，23％的孩子說「壓力大影響了他們的飲食、睡眠和鍛煉。」

什麼是壓力？

壓力（stress）是什麼？其定義如下：

一、壓力是指個體在生理或心理上感受到不習慣、無
　　法負荷或無法掌控時，身心所呈現的一種緊張狀
　　態。

二、壓力有不同形式、大小和時間長短。小至輕微的
　　警覺狀態，大到無力擺脫的挫折感都包括在內。

三、壓力是外在的壓力因子（stressor）與內在的個人
　　特質的乘積組合。也就是：

　　壓力＝（外在）壓力因子×（內在）個人特質

四、壓力是相對的狀態，而不是絕對的狀態。

從以上對壓力的描述中，我們知道同樣一件事（外在
的壓力因子），對不同的人可能會產生不同程度的壓力感
受及反應。例如失戀會對某些人帶來莫大的痛苦，認為
「如果沒有他（她），我的人生就是黑白的，我完了！」
但對另一些人卻影響不大，他們會覺得「這只不過是人生
旅途中的一個小插曲，人生何處無芳草？後面還有很多機
會呢！」

　　因此，當我們明白「外在的壓力因子」指的是事件，即「壓力來源」的同時，便也能了解「壓力是相對的狀態，而不是絕對的狀態」。

　　那麼，什麼是「內在的個人特質」呢？

　　所謂內在的個人特質，是個人在面對壓力因子時，習慣採取的思維反應模式。這通常和從小的成長環境、天生個性、對事物的看法，以及周遭長輩、親友因應壓力的方法有關。例如若父母親遭遇壓力時，習慣以菸酒或暴飲暴食來因應，孩子長大之後也會養成以菸酒或暴飲暴食來因應壓力的習慣；反之，如果周遭好朋友能夠以正向樂觀的態度，看待任何生活中的壓力與挑戰，那麼我們也會傾向以正面思考，來因應生活中的壓力與挑戰。由上可知，同

醫師小叮嚀

> 壓力會因個人的認知、體質與個性不同，而造成不同的生理反應。若能深入了解自己的特質與習慣，比較容易培養對於壓力的適應力與承擔的能力。

樣是處在壓力下，每個人習慣採取的反應模式也會有所不同，這些將在本書第四章「個人特質中容易產生壓力的因素」中提及。

一般而言，壓力大多來自生活事件，事情有大有小、有簡單有複雜。成年人遭逢壓力時，輕微者可能以跟朋友傾訴、購物、運動等方式來因應，嚴重者則會出現掉頭髮、經期不順、情緒暴躁等現象。小朋友遇到壓力時，輕微者會抱怨身體不舒服、哭泣等，嚴重者則會表現出肚子痛、啃咬指甲、作惡夢、夢囈等行為。這些都將會在本書第二、三、四章詳細探討。

壓力的來源：外在的壓力因子

　　從〔圖一〕中，我們可以看到壓力的來源很多，任何外在事物的變化都可能造成壓力，包括工作不順遂、人際關係遭受排擠、生活中的擔心與煩惱、家人的期許、他人的批評讚賞、自我要求過高、婚姻幸福與否、家庭是否和

〔圖一〕壓力的來源

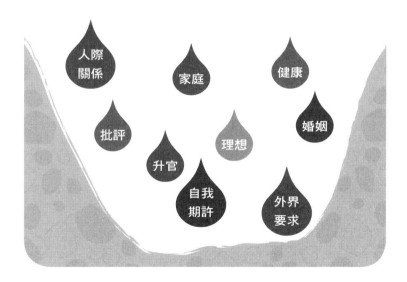

諧、宗教信仰、身體健康等，任何有關身心及人與人的接觸，都可能造成壓力。

　　大部分的人在面臨生活的不順遂或負面事件時，會產生壓力，所以像身體或心理不適、升遷不順、考試成績不理想、擔憂家計、工作忙碌等，都可能是壓力因子。但是否只有不好的事才會造成壓力？答案是否定的。有人對於值得慶賀、開心的正面事件，也會產生壓力，例如嫁女兒、兒子結婚、升官、得獎、發財、搬遷新屋等，這些事件會帶來忙碌和生活的改變，因此也可能是壓力的來源。甚至有人忙了大半輩子好不容易退休，卻在退休後產生身體及情緒問題。可見生活中任何事情的發生與變化，不管是正面或負面事件，都可能成為個人的壓力因子。

　　1967年，美國兩位研究生活壓力的專家——西雅圖華盛頓大學的精神科醫師荷姆斯（Holmes）與雷（Rahe），首次將各種生活事件的壓力因子加以量化，針對生活中不同事件對個體造成的壓力程度及影響，進行一系列的研究。

　　根據各國的壓力研究顯示，配偶死亡對個人所造成的打擊及壓力最大，因此荷姆斯與雷將此事件的壓力標準數值設為一百，再將生活中其他可能面臨的事件，統計出壓力的相對值，製作「常見壓力之相對值」（圖二），例如

結婚的壓力相對值是五十;離婚的壓力相對值為七十三;
退休的壓力相對值是四十五。

在工作和個人獲得成就感方面,不管是增加責任、調
換單位,或是失去重大收入,也會讓人產生壓力。其他生

〔圖二〕常見壓力之相對值(節錄自荷姆斯與雷之研究)

評等	生活事件	相對值
1	配偶死亡	100
2	離婚	73
3	分居	65
4	親友入監	63
5	家人死亡	63
6	生病受傷	53
7	結婚	50
8	解聘	47
9	夫妻吵鬧	45
10	退休	45
12	懷孕	40
13	性失調	39
15	事業再調整	39
26	配偶開始或停止工作	26

活中的變化，包括家人死亡，或是親友入監服刑等事件，
同樣都是壓力的可能來源。

1978年荷姆斯與雷依研究結果，歸納出壓力相對值與
疾病發病率的關係：

過去一年裡，壓力相對值總和與未來二年內造成身心
疾病的機率：

相對值總和小於150，造成身心疾病的機率約為
30%；相對值總和介於150至299，造成身心疾病的機率
約為50%；相對值總和大於300，造成身心疾病的機率為
80%。

根據研究數據顯示，若在過去一年裡，生活中某些事
件的改變造成壓力，而這些壓力不是太大（總壓力相對值
小於150），未來兩年內，造成身體或心理疾病的機率約
為30%左右；但如果是中等程度的壓力（總壓力相對值約
為150至299），造成身體或心理疾病的機率約為50%；若
是壓力累積更高時（總壓力相對值大於300），未來兩年
內造成身心疾病的機率則高達80%，也就是說，十個人中
有八個人會生病。

　　荷姆斯與雷在壓力方面的相關研究，透露出兩個重要的訊息：

一、「壓力因子」並不一定是好事或壞事。只要在乎，就會成為壓力的來源。

二、壓力會累積，也會相互作用，如果我們可以減少壓力，就能降低壓力對個人目前及未來身心健康狀況的影響。

　　當生活步調隨著網路及科技發展而變得越來越快時，人們在學業、工作、人際相處上的腳步，也會隨著現代環境的改變而越來越急促，身處在如此快速變化的時代，現代人所承受的壓力自然日趨嚴重。當然不同的文化、風俗、國情，都會影響個人對於個別壓力事件的感受與判斷，多年前上述研究的各個不同生活事件彼此間的壓力相對數值，在今天可能會有若干改變，但是荷姆斯與雷當年所提供的研究結論，仍可作為參考。

壓力的認知與情緒反應

我們在百貨公司有時會看見這樣的畫面：年幼的孩子在兒童玩具區裡哭哭鬧鬧，父母親怎樣也安撫不了，為了制止小孩，父母親忍不住出言恐嚇，語帶威脅地說：「要把你丟在百貨公司裡」，或「再不停止哭，就叫玩具阿姨把你載到警察局」。

年幼的孩子聽到這樣的恐嚇、威脅，會產生哪些反應呢？應該是越哭越大聲，或是嚇得全身發抖、逼自己把眼淚吞回去吧。這就是我們經由對壓力的認知而產生情緒反應的過程。

前面曾提到「壓力是指個體在生理或心理上感受到不習慣、無法負荷或無法掌控時，身心所呈現的一種緊張狀態。」換言之，壓力的情緒反應是個體遭遇變化時，投射在情緒上的一種現象。每個人在面對生活事件壓力時，由於認知的不同，會產生不同的情緒反應──當我們認知該生活事件具有威脅性時，會產生焦慮的情緒；當我們認知到挫折時，會產生憤怒的情緒；當我們感覺失落時，會引發憂鬱的情緒。〔圖三〕

其實，多數人的壓力來自於自己，甚過於來自他人。

〔圖三〕壓力的認知與情緒反應

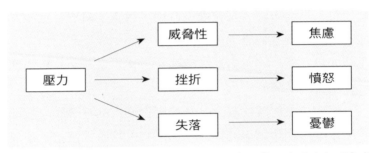

（摘自李明濱教授《壓力人生：情緒管理與健康促進》）

　　我們對未來充滿不確定感，因此也面臨各種不同的壓力：考試成績是否理想、工作升遷是否順利、夫妻能否白頭偕老、身體能否健康終老等。因為無法預測眼前的事情未來會如何發展，所以當我們意識到潛在的威脅與不確定性時，就會引發焦慮、緊張的情緒反應。

　　此外，許多人有這樣的經驗：滿心期待一件事情，花了很多的心思與努力，希望能夠達到目標，獲得認同。結果事與願違，此時便會惱羞成怒，因為挫折感引發了憤怒的情緒。

　　當我們考試不順利導致無法就讀理想的學校、工作考

績不理想影響升遷及年終獎金，或是我們珍愛、熟悉的種種事物突然消失時，常會產生悲傷、寂寞、悔恨等諸多負面的感受，讓我們墜入失落的深淵，而引發憂鬱的情緒。這時如果不能以適當方式來處理，日積月累甚至有可能進一步演變為憂鬱症。

　　沒有適度處理的壓力，將會影響個人的身體與心理健康；未經處理與調適的焦慮、憤怒和失落感等情緒，不只造成心理問題，長期下來也會讓身體產生嚴重的後遺症。

醫師小叮嚀

1. 臨床上發現，越是在乎、越是斤斤計較，或是看重勝負成敗、自我期許甚高的個性，越容易受壓力所苦。所以，學會放下完美主義，可以減輕壓力的傷害喔！

2. 多數人的壓力，都是自己給的。所以要心情放輕鬆，毋須自己嚇自己。

壓力的良性與惡性循環

　　一個人面臨壓力時，會產生怎樣的狀況？我們以學生面對考試的壓力為例：考試的本意，是對學生的學習成效進行測量與評估。至於是否會變成壓力，則牽涉到很多因素，包括學生本身的認知（把考試看成大事或小事）、家長的態度（對孩子成績的標準認定與獎賞處罰）、學生個人的學習狀況（是否準備充分）及因應考試的能力（是否掌握答題技巧）、過去成績的經驗影響，以及個人的自我期許等。以上種種因素，都有可能成為考生的壓力來源。

　　考生若能接受、處理這些狀況所帶來的壓力，就會產生面對考試的積極行動，把考試當成是正面又輕鬆的事情，只要認真念書就可應付自如，獲得正面的成果，形成良性的影響與循環。相反的，如果學生認為自己無法應付，便會產生焦慮、憤怒、麻木、抗拒等情緒，進而產生負面的反應，時間一久便容易造成身體及心理層面的問題，這樣便是惡性的影響與循環了。壓力的良性與惡性循環過程與影響，請參看〔圖四〕，而圖中有關「壓力調適公式」則在第五章有詳細的說明。

〔圖四〕壓力的良性與惡性循環圖

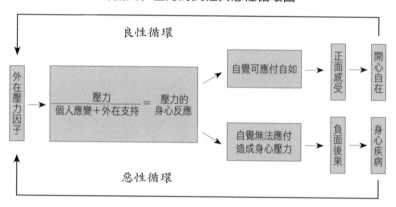

考試本身是一個短期的壓力，考過就結束了，紓壓重
點在於學生是否能夠在一次次的練習中，學會放鬆和適度
調整。但如果一個很容易緊張的同學，每次考試後都不斷
回想自己的錯誤，不斷加深自己的緊張和焦慮，就容易造
成負面的後果，想到考試就很害怕，結果從短期壓力變成
長期的心理壓力。

適當壓力可激發潛能

如果一個學生對考試非常不在乎，像一般人說的少根筋時，可能會因為一點都不擔心考試分數，而無法有理想成績。然而，若是一個人將考試看得很重，每次考試就非常緊張，甚至擔心到晚上無法入睡，也有可能身心俱疲，導致考試失常；甚至壓力累積過高，達到崩潰的邊緣。那麼，到底是有壓力好呢？還是沒有壓力好呢？

俗話說「水能載舟，亦能覆舟」。壓力並非全然無益，適當的壓力反而可以激發成長的動力。反過來說，沒有壓力不見得是最好的狀態，因為沒有壓力通常就難有表現。換句話說，壓力不夠就像樹葉，壓力過大就像鉛球，適當的壓力就如一塊石子；鉛球太重，葉子太輕，我們都無法扔得很遠，只有輕重得宜的石子才能拋得又高又遠。所以，適度的壓力才能讓我們做出最好的表現。

在職場裡，競爭和壓力通常能讓員工為了獲得較好的業績和收入而力求表現。如果公司制度是無論職員表現好壞，每個人的薪水都一樣時，勢必難有突出的個人表現，進而影響公司整體業績。

因此綜合來看，適度的壓力有益於個人表現，它可以

激發潛能，讓人保持在警醒的最佳狀態，並具有不斷追求進步的動力。過度的壓力會讓人產生不安、煩惱等情緒困擾，不但影響個人的表現，也有害健康。短期內面對巨大壓力，甚至可能讓人崩潰，只有恰恰好的壓力，才能讓人更有效率、更進步。

心理學家葉克（Yerkes）和道森（Dodson）指出，當一個人對於壓力的警醒程度過低（神經大條）或過高（過度擔憂）時，表現與效率都會下降，只有保持中等強度的動機水平，效率才會最高。若把上述這個原理用曲線圖顯示，便會發現：個人表現和壓力大小的關係是一個倒U字形曲線。〔圖五〕

在日常生活中，我們會碰到各式各樣的壓力事件。適度的壓力有益於身心健康，而壓力的過與不及則會造成身心方面的功能失調，帶來疾病的警訊。我們必須學會認識壓力，了解壓力所可能帶來的身體危機，培養對於壓力的適應力與承擔的能力，如此才能控制自己的情緒、應付環境的變化，經營出滿意的人生。

〔圖五〕表現壓力曲線圖
（Hebbian version of Yerkes-Dodson curve）

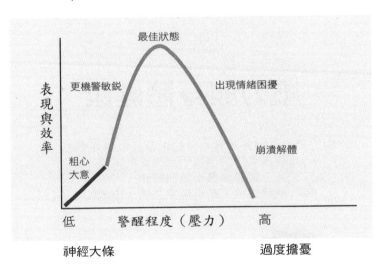

【第二章】

壓力與身體健康

壓力帶給身體各器官系統的影響多半隱而不彰，
有時多次門診也找不到改善的方法。
對於身體不適的警訊，
有時要想想是不是長期壓力過大造成的。

　　一般人常會誤認為身體和心理是完全不相關的兩個系統，其實身心是相互作用影響的一體兩面。臨床觀察和相關研究顯示，壓力會透過大腦下視丘（Hypothalamus），影響我們全身各個系統。本章即深入探討壓力對身體各系統所造成的影響。

壓力影響自律神經系統

　　簡單來說，壓力與我們的自律神經系統息息相關，而自律神經系統包括了交感神經系統與副交感神經系統。這兩個系統有很多功能是相對應的，很像汽車的油門與煞車，需要彼此協調、配合，才能確保體內器官系統的穩定運作。

　　當我們感受壓力、危險時，身體馬上有生理應變，交感神經會啟動必要的機能：荷爾蒙和腎上腺素增加，輸送血液到大腦，讓人體保持警覺、提高注意力，以便能積極應變。亦即交感神經主司「動」，能讓身體保持高壓緊張的警醒狀態，以應付緊急的狀況（如戰鬥或逃跑）。交感神經系統與副交感神經系統對器官的作用請見〔圖六〕。

　　以上古時代原始人狩獵為例，當原始人要開始戰鬥獵食時，身體的交感神經系統開始作用，這時瞳孔會放大、氣管會擴張、心跳加速、呼吸急促、血壓升高、唾液減少分泌變黏稠，為了戰鬥奔跑獵食或逃跑，血管會較為收縮以激發身體的力量。

　　此時消化器官不需要太多活力，因為消化系統抑制蠕動，所以身體的血液不會大量聚集在此，而會流向其他周

〔圖六〕自律神經系統的刺激對不同器官的作用（節錄）

自律神經系統 作用器官	交感神經系統作用	副交感神經系統作用
眼睛	瞳孔舒張	瞳孔收縮
唾液腺	減少分泌，唾液變濃稠	增加分泌唾液變稀
消化系統	抑制蠕動	刺激蠕動
心臟	心搏加速，輸出增加	心搏減速，輸出降低
支氣管	舒張	收縮

邊的器官。

　　而副交感神經系統和交感神經系統運作的方向大部分相對應。副交感神經是抑制調節某些生理機能，主要是讓人體放鬆休息、保存體力、促進消化、減少能量消耗、儲備能量等。

　　當副交感神經系統作用時，人的瞳孔會收縮、唾液增加、氣管收縮、心跳減速，血管呈現放鬆的狀況，此時胃腸的蠕動增加，消化活力會增加，因為身體的消化器官須消化食物轉換成能量，這樣的運作無非是為了幫助身體休

養生息、培養體力再出發。

　　交感神經系統與副交感神經系統乃是相輔相成的，交感神經系統職司衝鋒作戰，消耗我們體內的能量；副交感

醫 | 學 | 小 | 常 | 識

壓力荷爾蒙

　　壓力荷爾蒙包括腎上腺素、腎上腺皮質醇等，當人體感受到壓力，需要在短時間內耗費大量體能時，壓力荷爾蒙便會產生功用。

　　例如有人在遇到危險的緊急狀況時，突然產生從來沒有的力量，猛然抬起一輛汽車或重物而幫助某人逃命；或者在火災發生時，突然抱起體重超出自己很多的人離開火場，但等事件過後再試，無論如何都使不出同樣的力道，這就是壓力荷爾蒙作用的結果。

　　壓力荷爾蒙可以讓生物在很短的時間內，聚集所需的能量和力氣來面對生活中不同情境所需的戰鬥、求偶及獵食等行動。但是如果長期處於壓力下，壓力荷爾蒙持續高量作用，對於個體容易造成負面的影響。

神經系統則負責後勤補給，儲備所需的能量。

　　長期的壓力會讓我們一直處在「交感神經系統大量作用（大量分泌壓力荷爾蒙）、副交感神經系統功能抑制」的狀態，而這樣長期高張力、緊張的狀態，由於壓力荷爾蒙的長期釋放，最後必定會體力耗竭。也就是說，在長期的壓力下，身體經常維持高度警覺狀態，就會導致身心的功能失常。至於交感神經系統及副交感神經系統無法配合協調，會造成哪些心身症狀，在本章後面會有詳細說明。

　　自律神經失調的症狀，常常讓患者很不舒服，例如心跳很快、心悸、便秘、偏頭痛等，但是經過相關臨床醫療專科醫師檢查，卻查不出明顯的器官問題，最後才發現這些不舒服的症狀是因為壓力持續累積，造成身體負擔過

醫師小叮嚀

我們千萬不要讓自己一直處在高壓、緊張狀態，以免交感與副交感神經無法平衡，而產生自主神經系統失調的症狀喔！

大，進而導致自律神經失調，也就是交感神經和副交感神經系統無法攜手合作的結果。

此時千萬不要自怨自艾，反而要慶幸自己不是罹患絕症或癌症，因為只要從認知與情緒、生理與行為多方面多管齊下，來抒解自己的長期壓力，進而改善身體的不適就可以了。

壓力影響內分泌系統

除了神經系統外，人體還有內分泌系統。內分泌系統是由許多分泌荷爾蒙的無導管腺體（內分泌腺）所組成的。神經系統與內分泌系統兩者共同調控運作，來維持我們全身各器官系統功能正常、穩定的運作。內分泌系統的範圍甚廣，主要常見的腺體包括：

一、**腦下垂體**：位置在大腦底部，與其上方的下視丘相連而成垂體狀，前後葉分泌各種激素。包括生長激素（GH）、甲狀腺刺激素（TSH）、腎上腺皮質刺激素、泌乳激素、抗利尿激素等。

二、**腎上腺**：是位於腎臟上方的小腺體，外為皮質，內為髓質，左右各一。內側的腎上腺髓質上屬於自律神經系統（由交感神經的節後神經元所構成），分泌腎上腺素與正腎上腺素；外側的腎上腺皮質則分泌腎上腺皮質醇、雄性激素等。

三、**甲狀腺**：主要功能在促進細胞的新陳代謝、促進全身系統的發育生長。

四、**性腺**：男性為睪丸，女性為卵巢。除了製造精子（睪丸）、卵子（卵巢）之外，還有分泌性激素

的功能。

五、**胰島腺**：位於胰臟中的島狀腺體，主要功能在於調整血液中的葡萄糖濃度。

六、**副甲狀腺**：主要功能在於調解體內鈣離子濃度。

在大腦中，下視丘與腦下垂體相連，而腦下垂體又與全身的內分泌網絡相接，所以，神經系統就能透過腦中的下視丘這個轉接站，去影響內分泌系統，再藉由內分泌系統，影響各器官的運作。以下就讓我們看看，壓力如何轉而造成全身的不適。

【楊女士的衝刺人生】

楊晴（化名）來到醫院家庭醫學科門診向醫師求助，主要原因是月經沒來。經過醫師詳細的問診，發覺她除了月經之外，其實還有別的問題：她在沒有外在刺激情況下，雙耳持續有嗡嗡聲響的耳鳴感；此外，前陣子到醫院照 X 光，還發現顳顎關節磨損嚴重、壓迫神經，原來是這幾年牙關緊咬太久造成的後遺症。

楊晴在職場上總是人人稱羨。在公司歷經的每個職位，其所屬主管都認為她是不可多得的人才：所有專案交

到她手上，都是百分百的完美呈現，所以當她的主管是既放心又輕鬆。楊女士時時刻刻都掛念著工作，即使是年休出國度假一週，也在想著辦公室的業務。每年公司的淡季比較不用加班，楊女士也認為應該利用那一個多月的時間，好好充實自己，所以生活還是一樣很忙碌。

楊晴各種不適的問題在牙科、耳鼻喉科、神經科的門診看診多次，卻又找不到有效的改善方法。後來經過精神科詳細的問診檢查，確認是壓力造成內分泌失調。除了先治標，改善症狀之外，醫師也建議她要徹底治本：必須重新調整生活步調、建立具靈活彈性的生活心態，並考慮轉介至精神科治療。

即使是當今NBA最強的球員詹姆士（Labron James），也不可能在比賽時縱橫全場都不休息。案例中全力衝刺人生的楊晴，由於長期不休息，導致內分泌系統、神經系統失調，幸好遇到詳細問診、耐心檢查的醫師，了解全盤的狀況，才能做出對她身心最佳的建議。

壓力過大除了影響人體的自律神經系統之外，也會對內分泌系統造成一定的傷害。例如在面對壓力時，生長激素、甲狀腺刺激素等，均會受到抑制；若長期處於

壓力下，這些內分泌調節異常，將可能導致骨質疏鬆、肌肉質量減少，以致容易產生代謝症狀群（metabolic syndrome）。甚至由於壓力荷爾蒙一直處於高分泌狀態，濃度過高，進而會抑制免疫系統（免疫力下降或失調）、抑制消化系統、影響生殖系統、循環系統、皮膚與頭髮等的生理功能。

長期壓力過重，導致內分泌系統對其他器官系統所造成的影響有：

一、**呼吸系統**：過度換氣症候群、支氣管痙攣、氣喘。

二、**骨骼肌肉系統**：背痛、頭痛、全身肌肉痠痛緊繃、磨牙造成顳顎關節痛。

三、**皮膚系統**：蕁麻疹、癢症、過度敏感及出汗的症狀。

四、**消化系統**：容易造成胃脹氣、胃潰瘍、十二指腸潰瘍、激躁性腸胃症、功能性腹瀉等症狀。

五、**生殖系統**：會暫時抑制分泌性賀爾蒙，作用在女性身上會有性功能障礙、經期不順、更年期提早等現象；作用在男性身上，則可能產生不舉等性功能障礙。

六、**心血管系統**：易造成血壓升高，長期處於高點，
而導致中風或是冠狀動脈心臟病。

　　通常一般人身體出現問題時，多半就只注意到單一的
症狀而去看單一科醫師。如果沒有注意到其他器官系統的
訊息，就會變成頭痛醫頭、腳痛醫腳。

　　事實上壓力造成內分泌失調，也可能由於個人對於
壓力因應方式不當（例如酗酒解決失眠、大量抽煙與喝咖
啡提神等）而加重對於身體的戕害；然後因為太專注「賺
錢、衝刺、升官」，而對身體不適的警訊忽視或不在意。
這些都是身為壓力一族需要時時自我警惕的。

　　總而言之，由於自律神經系統與內分泌系統聯合作
用，長期壓力過重對身體的影響除了可察覺的症狀層面
（例如情緒變化和身體不適）之外，還包括血壓升高、血
脂升高、血糖下降等不可察覺的變化。更糟的是，長期處
於壓力環境下，有些人會過度專注、關心壓力本身，反而
疏於注意身體內外的疾病症狀。

壓力影響免疫系統

　　前面提到我們因應壓力有兩個系統在調節身體的功能；一個是自律神經系統中的交感神經系統（分泌腎上腺素）；另一個是內分泌系統：下視丘—腦下垂體—腎上腺系統（分泌腎上腺皮質醇）。這兩種分泌物質在適量的情形下，會促進增強免疫功能；但是在長期的壓力下，兩種分泌物質過度分泌，則會抑制發炎反應或使免疫功能混亂失調，導致免疫力下降或是自體免疫疾病。

　　一項針對馬拉松選手所作的研究曾具體指出：運動員在重要比賽前夕感冒的頻率大增，這可以用比賽前強大的心理壓力造成免疫力下降來解釋。

　　事實上，長期處於生活緊張的壓力下，會造成壓力荷爾蒙高度分泌，在只有戒備沒有休息的狀況下，身體很容易抑制免疫系統，造成免疫力下降或失調（自體免疫疾病），降低對外界病原體、感染細菌及癌細胞的抵抗力，以致於容易罹患感冒，大小病不斷。同時，科學研究甚至發現壓力和癌症有關——身體長期處於壓力下，也會失去抵抗腫瘤或癌細胞的能力，導致容易罹癌。

　　有鑑於此，現代醫學有一個領域是「心理神經免疫

學」（psychoneuroimmunology），特別強調心理、神經
內分泌系統與免疫系統三者的互相影響。目前心理神經免
疫學的研究發現，人體免疫系統的活力是可以制約的，
例如信念與癌症的治療存活率的研究發現，「越是有堅
定信心，罹癌後的存活率越高」；也有其他研究證實慢性
風濕性關節炎（一種自體免疫疾病）患者淋巴球（helper/
suppressor）的比值降低，與重大生活事件明顯相關。

醫師小叮嚀

過度的壓力，會讓我們的免疫系
統功能下降、抵抗力變弱，自體
免疫疾病便蠢蠢欲動喔！

壓力造成的身體症狀（心身症）

【老趙的心身症】

老趙在退休之後，有許多時間花在看病上。說起自己的病史，還真是洋洋灑灑一長串。麻煩的是，老趙已經換過許多家醫院、看過許多科別，「就是沒有一家醫院能夠醫得好我！」

老趙手上拿著好幾大袋分別來自不同醫院的藥，很無助地抱怨：「這些不同醫院醫師開的藥，我每袋只吃兩、三包，就知道沒有效了……」、「為了看病，我推掉許多跟老朋友見面活動的機會。」

「有的醫師更誇張，我因為身體真的很不舒服，才去看他的，誰知他居然建議我去看精神科醫師，簡直把我當瘋子……」

老趙很焦慮地來到健康教育中心諮詢櫃台：「我該怎麼辦？」

類似老趙這種在工作時身體平順，但在退休後卻開始全身不舒服的例子，社會中屢見不鮮。這也印證了前文所說的：「不一定是壞事才造成壓力；好事（結婚、升官、

退休等）也有可能造成壓力」。

　　身體有恙就求助於醫師，是每個人的本能。但在問診與安排檢查之後，如果醫師說「沒有嚴重的身體問題」，此時即不需擔心。事實上，問診與檢查詳細的醫師，從患者的主訴中，很快可以歸納出疾病的種類、相關性及重要性，並可以省去不必要的儀器檢查。既然來看門診，就應當尊重醫師的專業經驗與建議。

　　如果心中仍有疑慮，可以再求助一次第二意見（second opinion），去請教一下醫學中心的專家，如果前後兩位專家的說法一致，就要尊重、相信醫師的專業判斷，不要再為相同的問題，反覆到不同醫療院所看診。否則好不容易才釐清不舒服的原因，卻因為一再反覆改看其他醫院，而讓整個評估與檢查又要重來許多次。

　　案例中老趙提到「有的醫師更誇張，我因為身體不舒服，才去看他，他居然建議我去看精神科醫師，把我當瘋子⋯⋯」事實上，人的身與心是一體的兩面，經常會互相影響；如果看遍各科，仍然找不出身體不適的確切原因與治療方式，門診醫師便會建議去看精神科門診，這是要協助患者釐清是否因為心理壓力而造成身體不舒服，也就是診斷患者是否有心身症。如此一來，才能早期解決不舒

服症狀所引發的壓力，以免造成後續的滾雪球效應——因為長期壓力造成神經系統、內分泌系統、免疫系統的調節失常，導致身體毛病更多。

老趙又提到「為了**看病，推掉**許多跟老朋友見面活動的機會」，其實對於退休後無事一身輕的人而言，人際網絡與規律的生活安排才是舒緩身心壓力的要訣。如果老趙能夠跟朋友多多見面互動，或從事如志工、終身學習的課程，心靈有所依託，一定能夠有效舒緩身體的不適。

心身症（psychosomatic disorders），又稱為功能性身體症狀（functional somatic symptoms）或精神生理疾患（psychophy-siological disorder, PPD）。心身症是由情緒因素所誘發或加重的身體疾病；其身體病變可以是生理變化，而患者往往少有明顯的心理或情緒症狀，若有，亦屬輕微程度。常見的心身症有：

〔圖七〕常見的心身症

循環系統	高血壓、低血壓、心因性狹心症、心律不整、心悸
呼吸系統	支氣管氣喘、過度換氣症候群、心因性咳嗽
消化系統	消化性潰瘍、潰瘍性大腸炎、激躁性腸胃症候群、心因性厭食、心因性嘔吐、腹脹症、嚥氣症、便秘、腹瀉
內分泌、代謝系統	肥胖症、糖尿病、心因性暴食症、心因性厭食症、甲狀腺機能亢進症
神經系統	偏頭痛、緊張性頭痛、自律神經失調症
泌尿系統	遺尿症、陽痿、過敏性膀胱、頻尿
骨骼、肌肉系統	肩頸僵硬、緊張性頭痛、慢性風濕性關節炎、全身性肌肉疼痛、書寫痙攣症、習慣性抽搐
耳鼻喉科	梅尼爾氏症候群、咽喉異物感症、重聽、耳鳴、暈車、嘎聲、失聲、口吃
眼科	原發性青光眼、眼睛疲勞、眼皮痙攣、視力模糊
婦產科	月經困難症、無月經、月經異常、功能性子宮出血、更年期障礙、性冷感、不孕症、陰道痙攣症
牙科	特發性舌痛、口腔炎、口臭、唾液分泌異常、習慣性咬肌抽動、磨牙、顳顎關節症候群
小兒科	站立性調節障礙、復發性臍部疝痛、心因性發熱、夜驚
皮膚系統	神經性皮膚炎、癢症、圓禿症、多汗症、慢性蕁麻疹、濕疹、疣贅

（摘自李明濱教授《壓力人生：情緒管理與健康促進》）

高度壓力容易造成基因受損

　　人體本來就在各種壓力的承受與排解間交互運作，適當的壓力可以激發潛能、促進表現，使人更具生命力。然而，一旦壓力過大、發生頻繁、持續太久，尤其當壓力集中在某一特定器官或機能時，就會嚴重危害人體。

　　2014年5月，媒體報導「首屆十二年國教會考本周六登場，但新制不確定性太高，有考生焦慮到一夜白髮」。春秋戰國時代，伍子胥過昭關，也是一夜急白了頭髮。我們常說：「笑一笑，十年少；愁一愁，白了頭。」在一夜之間急白了頭髮，並不是神話，而是有科學根據的。

　　2011年，美國科學界相當有名的《自然－神經科學雜誌》（*Nature-Neuroscience*）就曾發表有關「高度壓力會影響色素生成，以至於催生白頭髮」的研究文獻。研究發現，長期接受腎上腺素注射後，實驗鼠體內一種名為p53的抗癌蛋白質濃度會下降。p53抗癌蛋白質又稱做「基因組守護神」，具有保護基因的作用，能抑制癌細胞生長及維持遺傳物質完整性。當DNA（去氧核糖核酸）受損時，p53會讓可能發展為癌細胞的細胞自我修復；如果修復不成功，則會命令這些可能發展為癌細胞的細胞「自

殺」，以免後續變成癌細胞損害體內。

　　所以，長期壓力下（如同實驗鼠體內長期接受腎上腺素注射），會因為p53的抗癌蛋白質下降，導致基因受損（DNA受損）。基因受損（DNA受損）的影響，小至頭髮色素無法生成，而長出白頭髮；大到造成惡性腫瘤或癌症的形成都有可能。

醫 | 學 | 小 | 常 | 識

基因與DNA

1. 基因（gene）一詞來自希臘語，意思為「生」。基因是由雙螺旋DNA（去氧核醣核酸deoxyribonucleic acid）所構成，透過指導蛋白質的合成來表達所攜帶的遺傳信息，從而控制每一個生物個體的性狀表現（包括膚色、髮色、智能等不勝枚舉）。人類約有三萬個基因。

2. DNA是一種生物大分子，可組成遺傳指令，引導生物發育與生命機能運作。

3. 人類的三萬個基因疏密不一地分佈在染色體上，第一號到第二十二號，稱為體染色體。加上一對性染色體（女性的XX或男性的XY）共二十三對染色體。

【第三章】

壓力與心理健康

從腦力到記憶力、從體質與運動，
壓力為心理方面帶來的影響包含範圍甚廣。

　　人類的大腦裡面有超過一千億（10^{11}）神經元細胞，這些神經元的分枝分為兩類：一類稱為「軸突」，可將訊息從神經元細胞核往外輸出傳送到下一個神經元。每個神經元細胞通常只有一根軸突。另一類稱為「樹突」，用來接受神經元傳入的訊息。如〔圖八〕。更進一步觀察，會發現每一根「軸突」和「樹突」都有交點，叫做「突觸」。

　　而在大腦的神經元突觸間，有許多種類的神經傳導物質，其中常見的有：

　　一、血清素（serotonin），與記憶及情緒管理有關，

　　二、正腎上腺素（norepinephrine），與人的注意力有
　　　　關，

　　三、多巴胺（dopamine），與快樂感（樂趣）和學習
　　　　有關。

　　所有生物的思考、情緒、行為等，在微觀下，都可以觀察到大腦中許多神經元網絡的突觸間有神經傳導物質在流動。這些神經傳導物質會受訊息影響而改變我們的心理狀態，例如長期處於壓力下，大腦中的上述三種神經傳導物質分泌會變混亂，而讓我們覺得生活沒有樂趣，不容易開心快樂，嚴重者甚至產生憂鬱症。

　　本書前面曾提到身心是一體的兩面，兩者關係有如

〔圖八〕神經元細胞圖
（軸突與樹突的交點叫做「突觸」）

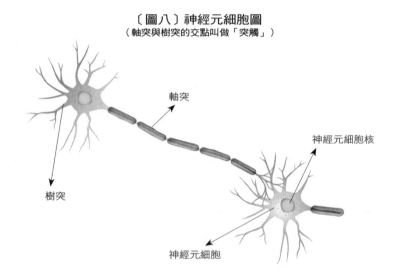

軸突

神經元細胞核

樹突

神經元細胞

蹺蹺板，如果有一方出問題，蹺蹺板就會動盪搖擺。第二章內容先說明了壓力對身體（生理）的影響，接下來第三章，我們來看看壓力如何影響腦力，進而影響心理狀態。

壓力與大腦肥料：神經滋養因子

在我們中樞神經系統中，有一群很特別的大腦肥料：神經滋養因子（neurotrophins）。它在中樞神經系統中扮演重要的角色，不但提供神經營養與保護，也能調節與增加突觸的傳遞，讓大腦活化。

這些滋養因子是一組小分子蛋白質，可促進神經元細胞在發育過程的生長與存活，鞏固神經元細胞，預防神經元細胞死亡，使大腦的神經網絡運轉得更加健全。常見的神經滋養因子包括簡稱BDNF的腦衍生神經滋長因子（brain-derived neurotrophy factor）、NGF以及NT-3等。其中腦衍生神經滋長因子BDNF除了可以協助現有神經元生存，鼓勵新的神經元突觸的生長與分化，並防止神經元因為壓力造成損傷，以創造更多的「樹突」和「突觸」，增進大腦的可塑性之外，還有維持記憶力、認知分析能力，以及穩定情緒的功能。

BDNF是壓力與心理健康之間的媒介橋梁，一旦壓力過大就會造成BDNF減少，我們的情緒、學習及記憶會跟著受影響。

動物研究結果顯示，如果年幼的實驗鼠在很小的時候

就和親人分離，或者在牠的成長過程中給予心靈創傷（例如進行持續小量的電擊痛覺刺激、在不穩定的環境下成長等），牠體內的壓力荷爾蒙（腎上腺皮質醇）會比控制組（正常長大的實驗鼠）高，而腦內的BDNF則會比控制組低。

更有研究發現，遭逢巨大壓力刺激，體內的壓力荷爾蒙可以關掉製造BDNF的基因，使海馬迴的細胞不再生產BDNF。海馬迴是大腦中與學習記憶有關的腦區，因此，在壓力過大的情況下，我們學習與記憶的功能就會變差，若處於長期重大壓力中，很可能造成BDNF減少而引發憂鬱症。

壓力對記憶力的影響

老鼠的腦部解剖與生理模式與人類相近,所以臨床上許多醫學研究經常以老鼠為研究對象,之後再來類推到人類身上。

英國愛丁堡大學的研究人員在美國的著名期刊《神經科學》(Neuroscience)上,發表了腎上腺皮質醇對實驗鼠記憶力之影響的報告。測試實驗鼠記憶力的方法就是讓牠們走小迷宮。正常的狀況下,老鼠只要學走一次,就會走得很順,但是當牠們年紀增加、記憶力變差以後,很容易就會忘記曾經走過的路線。

這個研究實驗就是將一批年紀大、記憶力差的實驗鼠放進迷宮裡,根據牠們的記憶表現,以及大腦中隨壓力而產生的腎上腺皮質醇濃度進行分析。研究結果顯示,適當的壓力可以讓記憶更清楚,但是太大的壓力則會讓人記憶減退。

該研究發現,實驗鼠的大腦中有兩個可以接受腎上腺皮質醇的接受器,當壓力較小的時候,大腦會分泌適量的皮質醇活化第一個接受器,這樣的活化功能有助於記憶,這就是為什麼適度的壓力可以讓學生獲得好成績,讓工作

能力提升的原因。

　　但是當壓力持續且過大時，大腦分泌的大量皮質醇會超過第一個接受器可承受的範圍，因此第二個接受器開始活化，然而第二接受器的活化作用會造成記憶減弱。這正可以說明人在相當壓力過大下反而容易健忘的原因。由此可見，壓力對於記憶力是一把雙刃劍。

　　以上研究結果，再一次應證了第一章「個人表現和壓力大小的關係是一個倒U字形曲線」的敘述。 這正是為什麼有人在火災發生時會忘記逃生口在哪裡，發生「腦筋短路」現象的原因。

　　另外也有其他研究發現，長期過重的壓力，會因為壓力賀爾蒙累積負面效應，導致與記憶相關的大腦海馬迴萎縮，造成記憶力減退。

開心小醫靈

壓力過重或太輕對記憶功能都不好，如何維持適當的壓力反應，是可以經過練習的。

運動會活化腦力、減緩壓力

有研究發現，運動除了在體內（身體健康層面）能夠緩解因為壓力所造成的細胞老化，避免免疫力低弱、身體早衰；在腦部（心理健康層面）則能促進神經傳導物質的分泌作用，維持大腦中神經傳導物質的平衡，減緩壓力所造成的心理問題，讓我們生活得有樂趣。

以往人們總會戲稱「四肢發達的人頭腦簡單」，但目前科學研究結果已明確推翻這個說法。其實，運動會刺激大腦肥料BDNF的突觸增生，讓神經元之間的聯繫更完善，因此神經迴路的連結就越緊密，思考力也會增強，啟動學習和記憶機制，讓腦力和記性變好。

當我們年紀逐漸增長時，BDNF的功能運作會自然下降，神經元的新生會慢慢減緩，突觸也隨之變少。所以上了年紀之後，需要持續不斷的運動，才能增加BDNF以及其他神經滋養因子的含量，以維持腦力、減緩老化，提高警覺性和心智能力。

研究顯示，如果讓處於長期壓力之下的大鼠做運動，他們的海馬迴會回到先前尚未萎縮的狀態。這種藉由運動改變思考和感受的紓壓機制，比甜甜圈、藥物和酒都還要

有效。

　　現在世界各國都盡量鼓勵老年人要多運動，因為運動不僅會活化BDNF，讓記性及腦力變好，也可以節省阿茲海默症、帕金森氏症、憂鬱症及老人失智症等其他相關慢性疾病的社會醫療成本。

老年人多運動可以維持腦力、減緩老化。

　　美國魯希大學（Rush University）阿茲海默中心鮑以爾（Patricia A. Boyle）博士與其團隊曾在《神經科學期刊》（*Journal of Neuroscience*）發表了一項為期四年的追蹤研究報告，證實運動量會影響得病的機率——人的肌肉強度越強，罹患阿茲海默症的可能性就越低，喪失心智功能的機率也同樣降低。

　　另外，美國的護士健康研究，也曾針對一萬八千七百六十六位七十到八十歲的老護士，進行長達十五年的追蹤，發現每周至少走路一個半小時的老護士，其智能減退的情形，明顯比每周走路運動少於四十分鐘者，少了很多。

　　以上各研究在在證實，運動可以改善壓力產生的心理及生理影響，還能減緩老化。因此，在持續壓力造成憂鬱症之前，最立竿見影的改善方法，就是每天運動，只要持之以恆的運動，就能達到改善心情、恢復大腦認知功能的效果。

提高BDNF濃度可改善憂鬱症狀

　　長期壓力造成心理精神健康方面最悲慘的結果，就是落入憂鬱的深淵。

　　和健康的人相較，憂鬱症患者的BDNF呈現急遽減少的現象。用電子顯微鏡觀察，可以發現一般人的神經元細胞之間的突觸非常多，但因長期壓力引發憂鬱症之患者的BDNF會下降，所以神經元細胞之間的突觸也會明顯變少。突觸減少導致神經元細胞之間的傳導變慢，因而造成腦力退化。

　　精神疾病（包括憂鬱症）是多重病因之疾病，因為生物因素、心理因素和社會因素都在疾病的形成與演進裡有直接及交互的作用，所以談到精神疾病治療時，並不會僅只限於藥物（生物因素）治療，心理因素和社會因素的改善都對憂鬱症有一定的療效。

　　為什麼憂鬱症的治療（社會網絡的支持、持之以恆的運動或憂鬱症藥物）可以改善心情，有助於患者的康復？因為這些多管齊下的治療方式可以促進BDNF分泌，並且刺激神經元的突觸數量增加。（如〔圖九〕）

　　一般憂鬱症的治療，效果都很緩慢，主要是因為透過

〔圖九〕憂鬱症的治療方式,能夠增加神經元的樹突數目

一般正常狀況下的神經元樹突	長期壓力,未經抒解的神經元樹突	經過治療(藥物、生活調整)之後的神經元樹突
	壓力荷爾蒙長期分泌 ↓ BDNF大量減少 ↓ 神經元的樹突萎縮,突觸變少 ↓ 腦力退化 憂鬱症	BDNF開始增加 ↓ 刺激每個神經元,神經元的樹突再度生長
正常	稀少	茂盛

調節BDNF來修復大腦細胞，但是要讓神經元細胞恢復健康總需要一段時間，不可能「今天服藥，明天憂鬱症就立刻好」這麼立竿見影。然而，如果完全不靠藥物治療，只靠社會網絡的支持，或持之以恆的運動等，會比合併藥物與生活調整的痊癒時間久，效果較緩慢。因此一經醫師診斷確認為憂鬱症患者後，醫師通常仍會建議須規律服用抗憂鬱藥一段時間（配合心理因素和社會因素的調整），來改善因為壓力造成BDNF含量顯著下降，以致於神經元的樹突、突觸減少，所引發之生理連鎖反應。

壓力、體質與心理健康

　　生理的變化會改變心理活動，心理的活動也會改變生理歷程。換句話說，身體的病痛會造成心理的壓力，心理的壓力也會影響生理作用，造成身體疾病。

　　目前已有很多先進的醫學研究證實，某些精神科疾病與基因有高度相關性，例如有精神分裂症基因的人，只要遇上考試、工作升遷、人際關係不順利等壓力，即使壓力不大，仍有可能發病。

　　至於憂鬱症和基因的關係，顯示為中度相關，因為憂鬱症的產生，一半和基因有關，一半和環境相關，所以憂鬱症患者遇到小壓力可能不會造成太大影響，但遭逢中等壓力，例如親人過世，就可能會引起憂鬱症發作。

　　不過，即使沒有精神分裂症及憂鬱症基因的人，遇到重大或長期壓力，也可能誘發精神方面的疾病。例如像是九二一大地震、美國九一一事件、戰爭、被綁票，或一瞬間遭逢火災或車禍，導致親人全數往生等驟變，都讓人無法調適而造成巨大心理創傷，進而引發嚴重的「創傷後壓力症候群」。

　　也就是說，無論何種壓力作用在任一體質上，都有可

醫｜學｜小｜常｜識

創傷後壓力症候群

　　創傷後壓力症候群（post-Traumatic ptress disorders, PTSD），又稱創傷後壓力症、創傷後壓力心理障礙症、創傷後壓力失調、重大打擊後遺症。依照美國精神醫學會於2013年出版的《精神疾病診斷與統計手冊》第五版（DSM-5），其定義如下：

　　個人直接經驗，或是親自目睹他人遭遇「暴露於實際或威脅性的死亡、嚴重傷害或性暴力」事件之後，表現出下列四大類症狀：

1. 對於創傷壓力事件，經由夢境或回憶等，持續地再度體驗。
2. 持續逃避與創傷事件相關的刺激。
3. 與創傷事件相關的負向認知及情緒，至少包括兩項。
4. 與創傷事件相關的警醒度及反應明顯的改變（有如驚弓之鳥）。

【第四章】

個人特質中
容易產生壓力的因素

壓力與個性有關,
對日常事情習慣用負面思考或不夠理性的人,
較易受壓力所苦。

　　在第一章說明「壓力＝（外在）壓力因子×（內在）個人特質」時，我們提到每個人的個人特質和從小的成長環境、個性、過去經驗、對事物的看法，以及周遭長輩、親友因應壓力的方法有關。大致來說，容易讓壓力上身的個人特質，可以分以下四種：

　　一、不健康的壓力抒解方式；

　　二、非理性的想法、缺乏彈性；

　　三、負面思考；

　　四、性格類型。

　　以下各節將針對個人特質中，容易產生壓力的因素詳加分析說明。

不健康的壓力抒解方式

2014年6月，衛生福利部公佈民國102年國人十大死
因與十大癌症死因統計（圖十），十大死因中，心血管疾
病、糖尿病、高血壓、癌症都多少和壓力無法正常宣洩或
不健康的紓壓方式有關，長期壓力尤其容易因為影響了體
內的免疫系統，而造成癌症病變。

〔圖十〕102年國人十大死因與十大癌症死因

102年十大死因		
序	疾病	死亡率
1	惡性腫瘤	29.0%
2	心臟疾病（高血壓性疾病除外）	11.5%
3	腦血管疾病	7.3%
4	糖尿病	6.1%
5	肺炎	5.9%
6	事故傷害	4.3%
7	慢性下呼吸道疾病	3.9%
8	高血壓性疾病	3.3%
9	慢性肝病及肝硬化	3.1%
10	腎炎、腎病症候群及腎病變	2.9%

（資料來源：行政院衛生福利部）

102年十大癌症死因		
序	疾病	死亡率
1	氣管；支氣管和肺癌	37.9%
2	肝和肝內膽管癌	35.2%
3	結腸；直腸和肛門癌	22.6%
4	女性乳房癌	16.8%
5	口腔癌	11.5%
6	前列腺（攝護腺）癌	10.3%
7	胃癌	9.6%
8	胰臟癌	7.7%
9	食道癌	7.1%
10	子宮頸及部位未明示子宮癌	6.0%

（資料來源：行政院衛生福利部）

　　一般常見的不健康紓壓方式包括暴飲暴食、抽菸、喝酒、整天躺著不動，吃炸薯條等高脂肪類食物及過甜、過鹹的食物等。若習慣以這些不健康的方式來紓壓，不僅容易導致高血壓、高血脂、心血管、肝腎方面的疾病，也會造成心理、精神上的不健康和惡性循環。例如：

　　一、心情不好就就猛吃東西，狂吃高糖份、高油脂的食物，結果造成過度肥胖，引來他人批評，使得心情更

不好，更要靠吃來發洩，於是就落入不斷狂吃的惡性循環裡，終將對健康造成不易彌補的傷害。

二、壓力過大，若沒有良好的抒解方式，便會累積過度的擔心，造成睡眠品質不良，學業退步、工作表現不佳，導致老師、父母、主管不滿而產生更大壓力，想要調適也更不容易，在無法跳脫此一惡性循環的狀況下，只會造成表現繼續退步。

三、一遇到壓力就猛抽煙的人，不但會被拒吸吸二手煙的人嫌惡、被醫師與家人叨念，還會影響肺部健康，於是原本壓力就不小，再加上心事無人知，又有健康隱憂，因此壓力又增大了，只好「繼續抽根煙，快活似神仙」地不斷陷入惡性循環。

倘若我們能以生活作息正常規律、少抽菸喝酒、飲食清淡、多運動流汗等健康的方式調適、紓解壓力，不但可以促進身體健康，降低罹患各種疾病的風險之外，在心理上也可以結束源源不斷的惡性循環，壓力雪球就不會越滾越大了。

〔圖十一〕不健康紓壓的惡性循環

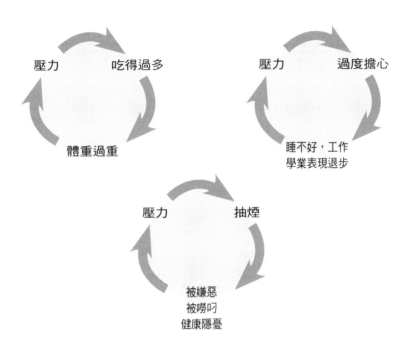

非理性的想法、缺乏彈性

非理性想法會增加我們的心理壓力，缺乏彈性的調整空間。它包括以下思考模式：

一、**兩極化思考、非黑即白**：例如認為「一個人若不是天才，就是笨蛋」、「不是好學生，就是壞學生」、「不是朋友，就是敵人」、「只能做對，不能做錯」、「違反規定就是錯誤」等，把事情太簡化，以二分法看世界，不能接受中間灰色地帶，以及多元選擇的可能性。

二、**災難化的思考**：例如習慣考第一名的學生，某次考試失利，就覺得自己完蛋了、沒救了。或是不小心當眾出糗或說錯話，就覺得好像會被全天下的人不停嘲笑，彷彿世界末日要來了一樣。有些年輕人面對感情挫折時，也很容易有這種誇張的想法，「要追求的人追不到，我的幸福和希望也完全不見了，人生一片黑暗。」以為經過一次失戀，就從此與愛情絕緣，再也沒有春天。

三、**斷章取義，選擇性摘要重點內容**：以學生考試為例，所有科目都考滿分，僅有一科考九十一分，但學生卻將焦點集中在那個沒有拿到一百分的科目上，認為自己很糟糕。或者，公司主管與部屬會談中，提及部屬的五個

優點，以及一個待改進的缺點，但這名部屬對優點充耳不聞，唯獨看到那個缺點，而認為老闆不喜歡他，擔心自己可能要被開除或降級了。

四、以偏概全：例如曾經被一、兩個朋友欺騙，就認為「世界上沒有真心的友誼，千萬不要相信朋友」；曾經在感情上受傷，就認為「天下沒有好男人（女人）」；第一次跳舞跳不好，就認為自己沒有舞蹈細胞，從此不願意再嘗試。將少數的經驗，擴大成普遍性的法則，就容易犯了以偏概全的謬誤。

五、未卜先知：往往事情還沒有發生，就先預期會出現最糟的情況，例如「我這麼容易緊張，明天的考試，我一定會表現失常，家人一定會很傷心難過……」、「我不必去應徵了，人家一定不會錄取我，我何必去自取其辱呢……」、「遭遇困難，跟主管和同事講有什麼用？他們根本不會幫我……」、「我一定會搞砸，大家一定會看不起我……」事先預設答案，也為自己添增許多無形的壓力。

六、讀心術：儘管對方並沒有說什麼，卻自認為知道別人的想法，例如「從大家的眼中，我可以看出他們覺得我今天的表現很差。」、「不用猜也知道，老師一點也不

喜歡我……」、「他們一定都在等著看我出糗吧！」以自己的想法套用在別人身上，經常會產生誤解和誤會，憑添人際的挫折和壓力。

七、對號入座：硬把和自己無關的事往身上攬，例如「兒子這回出車禍住院，都是我的錯，如果我陪他出門，就不會發生這種事了！」、「如果我可以考第一名，爸爸媽媽就不會再吵架了吧？」

此外，有許多人心裡存著一些固定的信念，想法與態度比較執著且缺乏彈性，例如：

一、凡事都要做到第一，若非如此，我就一文不值。

二、我一定要表現完美、非常有成就才有價值，否則人家就會看不起我。

三、只要事情過程沒有想像的順利，就覺得很糟很慘；或是事情進展不如所願，就很灰心。

四、無法讓自己快樂幸福；認為不幸福和不快樂都是外在因素造成的，自己無法控制。

五、認為現狀難以改變，要面對困難和責任很不容易，不如選擇逃避比較省事。

這些非理性的想法與缺乏彈性的固定信念，常會讓我

們的觀念和認知受到限制，更不容易以放鬆、健康的方式
面對及處理壓力。

逃避無法解決問題，要想想「如
何以現實給我們的條件，突破現
實給我們的限制」這才是明智之
舉喔！

負面思考

　　許多人都有這樣的經驗：當你戴上太陽眼鏡，若鏡片是綠色的，眼前所見的事物就會變成綠色；若鏡片是灰色的，所見也將變成灰色一片的世界。這個概念告訴我們：有時事物本身並非如我們所想所見，而是因為我們戴了有色的眼鏡去看，才會變成那樣的顏色，負面思考下所呈現的世界也是如此。

【半杯水的故事】

　　兩位旅人結伴前往沙漠旅行，原訂三天的行程因遇上沙塵暴而大亂。兩人迷了路，在險峻的沙漠徘徊數日，吃完所有的食物，忍受高溫與饑渴，小心翼翼地輪流喝最後一個水壺裡的水。他們決定將壺內剩餘的水倒進杯子裡，結果只剩下了半杯水。

　　在茫茫的大漠中，望著最後的半杯水，兩人無言以對。獲救的機會渺茫無期，處境如此艱難，旅人甲悲傷、後悔著不該把最後一杯水喝掉一半，萬分擔心以後該怎麼辦？旅人乙卻神色堅定的安慰旅人甲：「我們還有半杯水可以喝啊！」。

　　旅人甲萬念俱灰，瀕臨死亡的壓力威脅著他，終因憂鬱絕望而精神崩潰，倒臥在沙漠裡。旅人乙則不放棄所有的可能，思索各種應變與自救的方法，最後幸運地遇見了商旅隊，成功走出沙漠迷宮。

【扇子與傘】

　　有個老婆婆很愛哭，人家都叫她「哭婆」，無論晴天或雨天，老婆婆總是愁眉苦臉，有人覺得好奇，便問婆婆哭什麼。

　　原來，老婆婆有兩個兒子，大兒子賣扇子，小兒子賣雨傘。晴天時老婆婆煩惱「賣雨傘的小兒子沒有生意，難以養家餬口」；雨天時又擔心「賣扇子的大兒子因為天氣不夠熱，扇子賣不出去。」

　　那個人告訴老婆婆：「妳為什麼不換個角度想？雨天時，賣傘的小兒子生意會大發，晴天時，賣扇子的大兒子生意一定門庭若市呀！」老婆婆聽了覺得很有道理，從此以後，「哭婆」就變成「笑婆」了。

　　這兩則寓言故事說明同樣的一件事情：不同個性或不同習慣的人，看待的方式可能會不一樣。換言之，對於壓力的解讀，不同的人會有不同的反應，而認知判讀會左右我們所感受到的壓力的大小。

　　我們也從故事裡看到樂觀者與悲觀者的不同，他們對於困境的處理方式完全不一樣，樂觀者看到「還有半杯水」，心裡會感恩地想：「真好！還有半杯水可以喝。」

心境保持平穩，尋找解決困難的方法；而悲觀者有如熱鍋上的螞蟻，憂心「怎麼辦？只剩下半杯水！」將焦點放在難以回復的那半杯水之上，陷在悲觀無望的情境中。

其實，故事所描述的情境與遭遇，可以套用在我們的日常生活中——在工作、家庭、人際等諸多事件中，可能遭遇到各種難題，同樣一件事情，用怎樣的眼光看，就會看到那樣的後果。

當然，悲觀者所擔憂的事情，從某些角度來看，可能也有道理，但是在面對生活難題的時候，我們當下對於事件的解讀和認知（例如把不一定那麼糟的事想得很糟），會影響我們的情緒反應，很可能讓我們失去努力的動機，做出錯誤的判斷。

以負面角度看待任何一個中立的事件，只會越看越糟糕、擴大實際困難，而讓自己感受到更大的壓力。所以，切記不要落入負面思考的漩渦裡！

性格種類ABC

美國著名心臟病學家及心理學家佛里曼（Meyer Friedman）於二十世紀五〇年代，特別針對心臟病與個性特徵進行研究，他將人的性格分 A型性格和B型性格。

經過近十年的研究，佛里曼發現 A 型性格的人，冠狀動脈心臟病（冠心病）罹患比例非常高，是 B 型性格者的二倍以上。

此外，佛里曼經由對受試者日常生活行為的長年觀察，發現A型性格和B型性格具有截然不同的行為特徵。

A型人的行為特徵

A型人的常見特質是：對時間有緊迫感和匆忙感；非常害怕浪費時間，常為自己設定非常急迫的期限；行 急促、分秒必爭、行動快捷、工作效率高；缺乏耐心、態度強勢、性情急躁、情緒不穩；獨斷專橫、爭強好勝，事事要求第一，非常重視所有事情的結果；有強烈的進取心和競爭欲，總是把周圍的人當成競爭對手，有敵意傾向；強大的控制欲，對環境和資源有占有欲，不願與他人分享；不聆聽他人意見，因為極端的區分自己和他人，導致人際

關係不協調。

　　研究顯示，A型性格經常容易產生壓力，或使原有的壓力更加嚴重。交感神經長期處於緊繃狀態，容易造成自律神經與腎上腺方面的疾病；另外，由於血壓長期處於很高的數值，也容易罹患冠狀動脈、心血管方面的疾病。

B型人的行為特徵

　　與A型行　相反的類型稱之 B型性格。相對於A型性格，B型人的特質是樂天知命、個性隨和、行事作風輕鬆；無時間緊迫感，從容自信；抗壓力高、有耐心，對成敗得失較為淡薄；懂得聆聽他人意見，無主動的敵意，與人和睦相處；懂得平衡人際關係與工作、休閒等領域；缺乏競爭性，喜歡不緊張、鬆散悠閒的生活。

　　許多醫學研究已經證實，B型性格的人在高血壓和心臟病的罹病率，遠低於A型性格的人。

　　在佛里曼將人分成A型性格與B型性格之後，美國加州大學舊金山分校（UCSF）的女性病毒與癌症專家麗迪亞‧德莫夏克（Lydia R. Temoshok）教授又擴展出C型性格。

C型人的行為特徵

　　C型性格人具有憂鬱、壓抑攻擊衝動、過度和藹三大特質，這類型人從來不生氣，是他人眼中完美的好好先生。原因可能與其個人修養、道德良知或過去經驗的影響有關，問題是他們並非真的不生氣，而是長期性的壓抑，好似繃緊的彈簧，在長期壓力的過度壓抑下，常常感到無助、絕望。由於他們長期自我壓抑、悶悶不樂：研究發現癌症患者即傾向具有C型性格。

　　總而言之，A型性格的人，習慣將怒氣發洩出來，隨時爭強好勝，結果不但對身體健康有害（心血管疾病，心身症），也因為經常讓人以為他的脾氣很暴躁，容易得罪朋友，而在人際關係上失去應有的社會支持；而C型性格的人，選擇把怒氣往肚裡吞，這讓他們習慣過度壓抑憤怒、生悶氣，好像繃緊的彈簧，經常感到無助、絕望。

　　相較於B型性格的人，A型與C型性格的人經常處在有壓力的狀態，而且有時壓力會大到讓身體發出警訊。

　　生活水準的提升，醫學知識的進步，並沒有讓人類遠離病痛。相反地，隨著現代社會的激烈競爭、事業的得失、家庭的煩惱，反而造成壓力引發各種身體的不適。有

時候企圖心越強，則焦慮會越加重；成就越好，則要求會越高；因而形成無止境的惡性循環，甚至最後還拖垮了身體健康。

〔圖十二〕ABC三種性格類型的行為特徵

類型	行為特徵
A型性格者	個性急躁、求全心切、善進取、爭強好勝，說話聲音響亮、走路急促、常有時間緊迫感、心胸狹窄，並對任何人都呈現敵意傾向，往往樹敵太多，動輒發火。
B型性格者	大多溫和平靜，不過分爭　好勝、隨遇而安、從容不迫、心胸開朗、與人為善。
C型性格者	主要表現　內向、沉默和壓抑，屬於少言寡語、逆來順受、忍氣吞聲，任人擺布的人。孤僻離群、人際交往少、感情交流少。

【樣樣認真好強的劉小姐】

劉怡（化名）自小品學兼優，畢業後出國留學，以很快的速度拿到博士學位。學成返國後勤奮工作，一路順利升到公司主管。公司高階非常賞識她，她也因為備受重用而更加兢兢業業，每天回家之後先照料先生與孩子，等孩

子們就寢後,她還奮力寫報告到深夜才休息。

美中不足的是,她長期以來即有慢性頭痛的問題,心情不好的時候會發作,天氣冷的時候會發作,室內空氣不流通的時候會痛,太勞累的時候也會痛。曾多次求助於神經科醫師,都找不出確切的腦部病因。即使作了主管級的全身健檢,似乎也找不出問題所在。

經由轉介,來到精神科門診,她臉部繃緊、表情嚴肅,說話急促。醫師問診後了解她來自於一個傑出的家庭,雖然是家中最小的女兒,但是從小就十分認真、負責,各項表現一點都不遜於上頭的眾多兄姊。

根據劉怡的多年好友兼公司同事說,她律己甚苛,待人更嚴。她的下屬有她這樣的主管,感覺像是夢魘。她最常說的話是:「我不能接受我的部門表現不好!」於公於私,她樣樣都要拼第一,即使多年好友低調辦理家中長輩出殯,劉小姐也要求部門同仁出席表達敬意。結果告別式中,劉小姐部門同仁出席的人數,比其他單位出席的總人數還要多……

上述案例中的劉小姐具有A型性格的特徵:缺乏耐心、態度強勢、獨斷專橫、爭強好勝,事事要求第一,也

有強烈的競爭欲望。雖然在公司事業開展的層面上，上述特點是好事；但是個人具有強迫性的完美主義，讓自己長久處於緊繃狀態，容易造成自律神經與內分泌系統等失調。如過讀者是A型性格的人，不妨試著從調整性格和處事態度著手，如此身體的不適應能逐漸改善。

醫 | 學 | 小 | 常 | 識

完美主義與壓力

完美主義者無論對己、對事、對他人，都是高標準、嚴格要求。但凡事有兩面，完美主義者的心理壓力也超過一般人，容易罹患腸躁症、失眠、心臟病等。

「大約五分之二的人有完美主義的傾向。」加拿大約克大學健康心理學教授戈登・弗萊特（Gordon Flett），研究完美主義與健康之間的聯繫長達二十年。他指出，人類追求完美其實很正常，但當這種追求成為強迫症時，便會形成過重壓力，不僅影響家庭社交關係，還會影響健康。

弗萊特教授和他的研究團隊將完美主義者分成三種類型：

*自我導向型：要求自己達到高標準的完美言行表現。

*他人導向型：對周圍的人要求嚴苛，期待別人達到高標準。

*社會要求型：被社會和身邊的人嚴格要求，必須努力達到完美標準。例如網球明星安德烈 阿加西（Andre Agassi）的父親，就是一個苛刻的完美主義者，他會在佛羅里達州的炎熱氣候下，嚴格命令

兒子接一千個球,而不顧小阿加西的心理感受。這樣的魔鬼訓練剝奪了阿加西對網球運動的享受,日後在自傳裡終於吐露心聲:「我恨網球。」童年的過度訓練也使阿加西長年承受著慢性背部疼痛的苦楚。

心理學家發現,長期的完美主義性格對人身心健康有很大的影響,常見的情況包括憂鬱沮喪(無法滿意自己的表現)、焦慮(擔心自己失敗)、憤怒(對於不能達到完美無法釋懷)、拖延(因害怕達不到標準而乾脆逃避)、強迫性的行為(非得要做到完美不可)等等,更嚴重者,甚至會出現自殺、身心疾患、飲食失調等問題。

完美主義性格的人通常會有許多非理性的想法,例如「我一定要做得完美,否則會⋯⋯」、「我必須完美,別人才會接納我、喜歡我」、「如果我犯了錯誤,我就是個失敗者」等。

人體在面對壓力時,腎上腺會釋放多種激素,讓心跳加速、血壓上升、動作反應加快。伊朗德黑蘭大學的一份研究指出,完美主義者面對壓力時,比其他人需要更長時間來釋放激素,應付壓力,這時免疫系統和皮膚的防禦能力也會減弱,增加生病機會;加拿大西三一大學更有研究發現,完美主義者的早死風險,比其他人高51%。

【第五章】

如何紓壓？
紓壓的認知與情緒原則

以理性、正向思考建立彈性靈活的態度，
並適當表達內心感受，就能管理好情緒與壓力。

　　我們如果長期處在壓力過重且不加以妥善處理的狀況下，等同於將負面能量不斷累積在體內。時間久了，自然傷身又傷心，罹患各種身心疾病的機率就會提高。

　　本章將從「壓力的警訊」與「壓力的管理」兩個面向出發，先就「認知與情緒層面」的管理原則，來分享應當如何開心紓壓。下一章則說明「生理與行為層面」的管理原則，提供健康的紓壓方式。

壓力警訊

壓力過大的警訊

我們的身體、心理會因長期壓力的耗損而出現壓力過大的訊號，這樣的訊號不只出現在外在的精神、情緒現象上，也可能出現在個人的睡眠、行為和身體上。因此，如果有以下症狀且已持續了一段時間，就需特別注意：

一、身體多處一直出現莫名的病痛不適，看遍大小醫生、做過各種健康檢查都找不出任何問題。

二、情緒起伏大，沒來由的發脾氣或情緒低落。

三、工作能力、學業成績或人際關係無故出現變化，例如平日熟悉的業務或拿手的工作，變得有些不順手，或是明明很簡單的事卻遲遲無法做決定。

四、猛抽菸、猛喝咖啡，儘管煙和咖啡的使用量越來越大，卻仍然覺得煩躁、頭腦不清晰，無法達到預期的舒適快樂。

五、食欲、睡眠、性生活產生明顯的變化。

六、覺得很孤獨、沒有人理解自己。

七、對任何事情都失去興趣、提不起勁、無精打采、疲累不堪。

　　此外，衛生福利部國民健康署網站有「壓力指數測量表」，可以用來進行壓力評估，提醒我們及早做好壓力管理，避免因長期重大壓力造成身心受創。

〔圖十三〕壓力指數測量表

編號	是	否	題目
1			您最近是否經常感到緊張，覺得工作總是做不完？
2			您最近是否老是睡不好，常常失眠或睡眠品質不佳？
3			您最近是否經常有情緒低落、焦慮、煩躁的情況？
4			您最近是否經常忘東忘西、變得很健忘？
5			您最近是否經常覺得胃口不好？或胃口特別好？
6			您最近六個月內是否生病不只一次了？
7			您最近是否經常覺得很累，假日都在睡覺？
8			您最近是否經常覺得頭痛、腰痠背痛？
9			您最近是否經常意見和別人不同？
10			您最近是否注意力經常難以集中？
11			您最近是否經常覺得未來充滿不確定感？恐懼感？
12			有人說您最近氣色不太好嗎？

壓力指數解答：

1. 回答三個「是」：您的壓力指數還在能負荷的範圍。
2. 回答四至五個「是」：壓力滿困擾您，雖能勉強應付，但必需認真學習壓力管理了，同時多與良師益友聊一聊。
3. 回答六到八個「是」：您的壓力很大，趕快去看心理衛生專業人員，接受系統性的心理治療。
4. 回答九個以上「是」：您的壓力已很嚴重，應該看精神專科醫師，依醫師處方用藥物治療與心理治療，幫忙您的生活趕快恢復正常軌道。

（資料來源：國民健康署「健康九九網站」）

外在壓力因子與認知、情緒、生理、行為的關係

　　我一再地反覆強調，壓力與我們的認知、情緒、生理、行為有關（如圖十四），上述的壓力警訊即是在提醒：我們的內在認知與情緒，以及外在生理與行為，正因受長期高度的壓力而有逐漸崩盤的傾向。如果不趁早好好處理、思考多管齊下來治本紓壓的話，嚴重者在體能、精力嚴重磨損耗盡後，會變得心灰意冷、意興闌珊、心力交瘁、失敗氣餒，終至演變成憂鬱症或重大身體疾病。因此，當壓力過大的訊號持續出現時，請務必從生理、行為、情緒、認知等不同層面進行壓力管理，以有效舒緩壓力。

〔圖十四〕外在壓力因子與認知、情緒、生理、行為的關係

壓力因子
壓力因子不一定是壞事（例如被罵）；
也可能是喜事，例如考上了夢寐以求的
學校、結婚，升官等等

主觀的認知思想
感覺到壓力因子是
很大的壓力？
還是一個正向的助力？
（危機就是轉機）

若為負向認知

情緒經驗
例如生氣、挫折、
憂鬱、焦慮、
失控等等

生理反應
例如內分泌與自律
神經系統改變、
心身症、肌肉緊繃、
腸胃不適等等

行為改變
例如退縮、抽煙、
發飆、暴飲暴食
等等

壓力管理

壓力調適公式

國內心理學界權威柯永河教授，曾提出一個心理健康公式：B＝P／E。

B為症狀出現率，P指內外壓力總和，E指自我強度（個體對內外壓力的承受能力）。從這個公式可以看出，症狀出現率（B）與內外壓力（P）成正比，與自我強度（E）成反比。

$$\frac{P（內外壓力總和）}{E（自我強度，個體對內外壓力的承受能力）}＝B（症狀出現率）$$

依據柯永河教授所提的「心理健康公式」，我們進一步修改成為「壓力調適公式」：

$$\frac{壓力}{個人應變（自助）＋外在支持（人助）}＝壓力的身心反應$$

然後，我們依據「壓力調適公式」，以及第一章的定

義「壓力＝（外在）壓力因子×（內在）個人特質」，遂
可將公式轉換成：

$$壓力的身心反應 = \frac{（外在）壓力因子 \times （內在）個人特質}{個人應變（自助）+ 外在支持（人助）}$$

　　依此公式看來，壓力對身心造成的影響，取決於我
們處理它的方式。也就是如果將分子（壓力）盡量縮小、
分母（自助+人助）盡量調大，壓力的身心反應自然就會
變小；反之，分子（〔外在〕壓力因子×〔內在〕個人特
質）越大，分母（自助+人助）越小，就一定會有嚴重的
壓力身心反應。因此，倘若要讓壓力引起身心反應的數值
小一點，不外乎就是：

一、讓分子（壓力＝〔外在〕壓力因子×〔內在〕個
　　人特質）變小，或是

二、讓分母（個人應變〔自助〕＋外在支持〔人
　　助〕）變大。

　　綜合以上公式分析，可以得知：

一、若要讓「壓力」（〔外在〕壓力因子×〔內在〕

個人特質）減少，改善非理性想法、正向思考、
調整為B型性格（避免A、C型性格），是有效的
途徑。

二、若想讓「個人應變」增加，那麼，必須建立彈性
靈活的態度、情緒管理、養成健康的生活習慣、
良好的時間管理、學習身心鬆弛技巧。

三、若要讓「外在支持」增加，則必須建立自己
良好的社會網絡（social network）與支持系統
（support system），儲蓄人際的本錢以及心靈的
本錢。

身心四層面紓壓

除了針對壓力調適公式的分母與分子各因素來逐項調
整改進，以進行紓壓之外，也可以針對情緒經驗、認知思
想、行為改變、生理反應這四個息息相關的層面，探討如
何紓壓。

我們可以將這四個層面簡單分為身和心兩個面向，兩
者互相作用與影響：

一、內在的面向（心）—包括了「認知思想」與「情
緒經驗」。

二、外在的面向（身）一包括了「生理反應」與「行
為改變」。

從心到身的壓力舒緩，是藉由改善非理性的想法、
正向思考、彈性靈活的生活態度、適當地表達內心的感
受（情緒管理）等，讓自己的認知、情緒等層面先穩定下
來，進而影響身體。

從身到心的壓力管理，則可以透過一些健康的生活
習慣、時間管理、身心鬆弛技巧（腹式呼吸、肌肉放鬆
等），以及建立社會網絡與支持系統等外在行為，來讓自

醫師小叮嚀

培養B型性格的小祕訣：
1. 有工作以外的興趣。
2. 多和B型性格的人做朋友。
3. 適度地休息。
4. 找時間去做以前想做而未做的
   事。
5. 養成至少一個嗜好。
6. 告訴自己：「我有權利享受。」

己心靈上平靜滿足。

　　接下來我們將分別針對這兩個相輔相成的面向，來談如何開心紓壓。本章我們先說明由內而外（從心到身）紓壓的認知與情緒原則，下一章則詳述由外而內（從身到心）紓壓的生理與行為原則。相信雙管齊下，必能達成同時針對身心兩方面來調整與因應壓力的最終目的。

改善非理性的想法

前文提過，有些人飽受壓力之苦的原因，是習慣有兩極化思考、斷章取義、以偏概全、未卜先知、讀心術、對號入座等諸多非理性的想法。事實上，許多事物本身往往是中立的，卻因為看法不同，而產生不一樣的情緒反應，連帶激發不同的想法與應對行為，導致不同的結果。

若要改善非理性的想法，我們可以從換個角度看世界，以及認知重塑兩方面著手。

換個角度看世界

改善非理性想法、換個角度看世界，有時候會有許多意想不到的發現。例如壓力的英文是「stressed」，如果將這個單字的順序倒過來，就變成英文的甜點「desserts」。藉著這個有趣的發現來告訴大家：只要懂得換個角度看世界，壓力（stressed）也可以變成鼓勵自我成長的甜點（desserts）哦！

我再舉個例子。有個大學生被同組同學推舉為英文期末報告的口頭報告人，如果這個學生將精力用在苦惱沒有足夠的準備時間，那只會浪費時間，替自己帶來情緒困

擾。此時倒不如朝正面積極的角度去想：「很高興我的能力、口才能得到同學們的認同，雖然為了這個英文口頭報告要花費相當多的時間準備，卻能夠增進我的英文能力，也讓我可以更深入了解這個主題……」、「我相信只要不緊張，也可以有水準以上的表現……」這就是換一個角度看世界。

當遭遇困難時，如果我們能換個角度思考，比如「事情沒有我想像中的那麼壞，也沒有那麼可怕」、「這種狀況可能可以磨練我」、「這任務聽起來很困難，但我可以訂定一個計劃，一步步來實踐」、「只要我努力，能做多少就成就多少」、「考慮我所能作的，比單單焦慮好一點」等，就一定可以發現原來壓力大小是可以改變的——

醫師小叮嚀

換個角度看世界，往往可以豁然開朗。上帝關了一扇門，必定會再為你打開另一扇窗。

我們無法改變他人的看法，但卻可以改變自己的非理性想法，讓自己減輕壓力，更從容面對困難。

認知重塑

　　當問題、壓力來臨時，很多人都習慣用「標籤化」的方式思考，例如「完蛋了，我搞砸了，世界末日來了！」然而，我們應當捫心自問：真的有這麼糟糕嗎？我是否將事情或壓力想得太嚴重，作了過度的反應？我是不是落入了非理性想法的模式？可以轉變為理性的想法嗎？

　　改善非理性想法的另一個方法是「認知重塑」，認知重塑可以協助我們學習找出平常的思考中有哪些是非理性的想法，然後用中立的角度重新建造自己的認知。不過，在說明如何進行「認知重塑」之前，要先來了解一下我們對事物的「認知過程」。

　　我們對事物的認知有一個過程，稱為「認知 ABC模式」：

　　A（antecedent, 誘發事件）→B（belief, 對事件的看法與信念）→C（consequence, 結果）

　　從這個模式可以發現，事件之所以會帶來不適的情

緒反應，或產生何種反應結果，取決於個人如何看待該事件。也就是說，很多事物本身並不帶有任何正向或負向的意義，但是經過個人的認知評價（cognitive appraisal）解釋後，才產生正向或負向的意義。以前面「半杯水」的故事為例，顯見樂觀者與悲觀者的認知模式完全不同：

> 【樂觀的人】
> A看見半杯水→B「還有半杯水！」→C「我還可以好好利用這半杯水，再去尋找新的水源。」
> 【悲觀的人】
> A看見半杯水→B「完了！只剩半杯水！」→C「天亡我也！我會渴死！」

在認知的模式中，對事件的看法與信念是一種「自動化思考」，亦即不需要刻意去想，只要情境連結上了，慣性的思維（習慣的想法制約）就會自動發生。正因為如此習以為常、完全不經思索，所以才需要進行認知重塑，以確保壓力來時不再採用非理性的想法。

我們可以透過以下三個簡單的問題，來重塑認知，幫助我們釐清自己的非理性想法：

一、這樣的想法合理嗎？

二、有沒有其他不同的角度、觀點來闡述這件事情？

三、這件事情最糟糕、最嚴重的結果會如何？

簡單來說，「認知重塑」的技巧就是：

一、用客觀、理性、實據來判斷環境中的事物，同時設法去除造成心理壓力或情緒症狀的不合理想法。

二、要察覺或辨認出自己的自動化推理過程，然後透過自問自答的練習（例如「有這麼嚴重嗎？」）嘗試改變自己的結論。

三、練習捫心自問：難道沒有別的替代性的想法嗎？

相信藉由了解認知模式與認知重塑訓練，我們可以省思分析出非理性、誇大的想法，改善被習慣牽著鼻子走、受負向或非理性的思考所糾纏的窘況，讓惱人的壓力獲得解脫、心情豁然開朗。

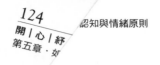

正向思考，懷著希望入睡

依照壓力定義與壓力調適公式：

$$壓力的身心反應 = \frac{(外在)壓力因子 \times (內在)個人特質 = 壓力}{個人應變（自助）+ 外在支持（人助）}$$

要讓分子（壓力＝〔外在〕壓力因子×〔內在〕個人特質）變小的關鍵之一，就在於正向思考。當一個人越能正向思考、尋找事物的正面意義，也越能夠讓分子的數值變小，讓壓力的身心反應減緩、趨向健康。

誠如前一章所述，負面的思考就像戴了一副灰色的眼鏡看待世界，看到的都是灰色的（被扭曲的）世界。負面思考會引起過度壓力反應的火花，正向思考則能消滅那些火焰，減少被扭曲的壓力反應。

舉例來說，如果一個演講參賽者，抱持「我會讓大家失望、我準備得很糟」的念頭參加比賽，就是一種負面思考，負面的想法會摧毀信心、干擾表現，降低反應能力。相對的，如果秉持著「沒有人是完美的，我盡力而為，到目前為止一切看起來不錯。」這樣的想法就是正向思考。

　　又如考試失常，可以有「我考得很糟」的負面思考；
也可以有「這次我從錯誤中學習，下次可以考得更理想」
的正向思考。

　　親友久病去世，在傷痛之餘仍可做出正向思考：「他再也不用承受病痛的痛苦了」；或者面對親友因突發心臟病而驟逝時，可以正向思考：「還好一切發生的那麼快，讓他走得沒有痛苦」，來減輕傷痛壓力。

　　甚至，在工作上被主管責罵到一無是處，仍能夠安慰自己：「不論今天有多麼失敗，全新的明天仍然待我去證明，成功離我不遠了。」

　　正向思考也讓我們帶著正向、快樂的眼光看待周圍的人事物，隨時記得欣賞、讚美他人，真心欣賞他人，降低人際關係的緊繃壓力，提升人際關係的品質。

【蘇東坡與佛印禪師】

　　宋代文人蘇東坡，才華洋溢，堪稱文壇上的奇才，他有一個相知甚篤的方外之交「佛印禪師」，平時二人在佛學、文學上總不忘相互切磋。

　　一天，兩人相對坐禪，蘇東坡一時心血來潮，問佛印禪師：「你看我現在禪坐的姿勢像什麼？」佛印禪師說：「像一尊佛。」蘇東坡聽了之後滿懷得意。此時，佛印禪師反問蘇東坡：「那你看我的坐姿像什麼？」蘇東坡毫不考慮的回答：「你看起來像一堆牛糞！」佛印禪師微微一

笑，雙手合十說聲：「阿彌陀佛！」

蘇東坡回家後，很得意地向妹妹炫耀。蘇小妹聽完原委，很不以為然地說：「哥哥，因為佛印禪師心中全是佛，所以看任何眾生皆是佛，而你心中盡是污穢不淨，竟然把六根清淨的佛印禪師看成牛糞！」

誠如故事中蘇小妹的話，心裡的想法，會影響我們看見的世界樣貌。

總而言之，在正向思考時，我們就比較能以積極面對的態度來解決問題，進而能提振士氣、輕鬆應戰；但若是負面思考，則易影響情緒、動搖自信心，導致士氣大落、精神無法集中，壓力變得越來越大。

壓力影響情緒；情緒影響睡眠，所以睡前的情緒很重要。許多教徒都有睡前禱告儀式，好讓自己心情平靜、心靈滿足。如果睡眠時，讓美好的意念存留在心中，也是一帖有效消除壓力與舒緩負面情緒的良方。如果讓不愉快的情緒跟著我們過夜，久而久之，又會讓我們容易負面思考，陷入過去的憂鬱泥淖。

所以，我們每天都要懷著希望入睡，讓開心、感恩的

事繼續到天明；不如意的事就讓它到今天為止吧！

　　此外，一本振奮人心的書，也能讓我們懷著希望入睡，為第二天打下良好的基礎。

每天都是一個嶄新的開始！

建立彈性靈活的態度

　　如果每天的生活執著而缺乏彈性，都只有僵化的行為、一成不變的思考信念，而沒有學習與動腦的機會，那麼我們的應變能力也會越來越差，遇到新的生活事件就會無法應付，產生壓力的身心反應。所以，我們必須讓自己建立及保持彈性靈活的思維與生活態度。

　　在生活及工作的內容、順序上作部分調整，將有助於使頭腦靈活不僵化。例如上班的路徑可以做些變化，不一定每次都要走同樣的路線；早午晚餐也不一定都要吃相同的東西。在生活中做些調整，讓自己每天都有新發現與新驚喜，幫助我們更有彈性的過生活。

　　不只生活方式需要靈活彈性，思考也要靈活有彈性。「calm」這個字英文字義是冷靜，我們可以將calm這個字解釋為：C是change，改變能改變的；A是accept，接受不能改變的，有得必有失，不可能面面俱到；L是let it go，生活中的事情該放下就放下、不要執著；M是management，靈活有彈性的生活方式。

　　所謂靈活有彈性的生活方式，前面已提過，那麼另外三項又是什麼意義呢？

我們可以把change 和 accept視為同一組概念：change 是改變能改變的，accept是若無法改變，就接受它。

抱持中庸的想法，凡事確立合理的目標、量力而為不強求。得失無須看得太重，因為世事沒有絕對的對與錯，最重要的是學習善待自己。

問題發生時，例如考試成績不理想，可以這樣想：「這次考題很難，考題有點偏，但我準備得也不夠。」主管臉色不佳，可以這樣想：「可能是主管碰到了不愉快的事情，他的臉色不佳不一定和我有關，我應該體諒他一下，不用太在意。」主管發飆罵人，可以這樣想：「主管不是針對我，不用太在意、太自責，將該做的事情努力做好就好。」

L是Let it go，就是生活中的事情該放下就放下、不要執著。

佛學大師、法鼓山的創辦人聖嚴法師在《108自在語》一書中，有一些與壓力管理有關的句子，非常值得分享。「面對它、接受它、處理它、放下它」、「山不轉路轉，路不轉人轉，人不轉心轉」、「減輕壓力的好方法就是少用一點得失心，多用一點欣賞心。」聖嚴法師進一步闡述「放下它」的「放下」，與「放棄」是不同的，放下

是活在當下，不想過去與未來，心不執著；放棄則是不相信，完全失去信心與勇氣。

　　若要避免長期壓力造成身體和心理的疾病，需要學會放下，不罣礙過去，不擔憂未來，並時時心存感恩。不論是飲食、運動、放鬆、睡眠、人際關係等，都要活在當下，抱持著「改變能改變的，不能改變的就任由它去」的正向、積極態度。集中注意力在現在，就不會有太大的壓力，許多長期慢性的壓力，往往都是因為杞人憂天，整天憂心著未來無法預期的事情所導致的。

醫師小叮嚀

面對現代生活中瞬息萬變的持續壓力，每個人都要培養彈性的壓力因應模式，若以一成不變的方式處理，只會衍生更大壓力。

情緒管理，適當表達內心感受

　　情緒管理就是要養成在情緒方面的良好習慣，建立適當而合理的情緒處理管道。要懂得管理自己的情緒，就要了解自己的感受和學習適當地表達內心感受。近幾年大家廣為討論的EQ（Emotional Quotient）則是「情緒商數」（或譯「情緒智商」）。一個人不管智商「IQ」有多高，若是不擅於情緒管理，以致於被情緒牽著鼻子走，成為情緒的奴隸，較容易導致失敗。有人說，成功是80％的EQ＋20％的IQ，所以就算擁有高智商，也必須搭配良好的情緒管理，才容易成功。

　　情緒管理有三步驟，分述於下：

　　一、學著體察自己的情緒。有許多人認為「人不應該有情緒」，所以不肯承認自己有負面的情緒，要知道，人不是機器，對人事物一定會有感受、情緒，壓抑情緒只會帶來更不好的結果。

　　二、適當表達自己的情緒。表達自己的不開心不是弱者的行為，但是要表露適當，讓感受合宜地宣洩；而不是一味發洩、指責他人，反而兩敗俱傷。

　　三、以適宜的方式抒解情緒。如果只是選擇暫時逃避

問題，之後反而需要承受更多的痛苦，這便不是一個適宜的紓解情緒的方式。好的情緒管理需要健康的表達與宣洩方式，比如運動、繪畫、跳舞等活動，都可適度昇華、紓解自身的壓力。要記得，不要持續壓抑負面情緒，否則情緒就如同越吹越大的氣球，遲早會爆炸。

醫 | 學 | 小 | 常 | 識

EQ（Emotional Quotient，情緒商數）

　　情緒商數是自我情緒控制的能力，也就是能夠覺察、了解、進而掌握自己的情緒表現的能力。此外，情緒商數也包含對他人情緒的揣摩與理解、對人生的樂觀程度，以及面對挫折的承受力。這是從1990年代才開始受到重視的一種心理能力。

　　如果IQ反映出一個人的學習智商，可以預測學業成就；EQ則可說是一個人的情緒智商，可以預測未來的職業成就和人際關係。高EQ的人，因為能夠了解並掌握自己的情緒，適度調整言行，也能夠同理他人的情緒，作出體貼或適切的回應，因此比較受歡迎，容易跟人建立友善或親近的關係，人生的幸福感和滿意度通常比較高。

（資料來源：《快樂童年好EQ》，商志雍著，心靈工坊出版）

【第六章】

紓壓的生理與行為原則及就醫時機

建立良好的生活習慣、
時間管理、放鬆方式與社會網絡，
將有助於抒解壓力。

　　在第五章我們學到了紓壓的原則：雙管齊下，同時針對身心兩方面來調整與因應壓力，以及從心到身、由內而外的「壓力管理的認知與情緒原則」；接下來在這一章節中，我們將學習從身到心、由外而內的「壓力管理的生理與行為原則」。

　　首先，讓我們再檢視一次壓力的定義與調適公式：

壓力＝（外在）壓力因子×（內在）個人特質

$$壓力的身心反應 = \frac{壓力}{個人應變（自助）＋外在支持（人助）}$$

$$= \frac{（外在）壓力因子×（內在）個人特質}{個人應變（自助）＋外在支持（人助）}$$

　　經由前面各章節的分析，我們知道「壓力對身心造成的影響，取決於我們處理它的方式」，因此本章著重於如何讓分母「個人應變（自助）＋外在支持（人助）」變大。
　　「個人應變」涵蓋了：建立彈性靈活的態度、情緒管

理、養成健康的生活習慣、良好的時間管理、學習身心鬆
弛技巧。而「外在支持」則包括建立自己良好的社會網絡
（social network）與支持系統（support system）。其中建
立彈性靈活的態度、情緒管理已在前面「壓力管理的認知
與情緒原則」時，詳細說明了。其餘四項屬「壓力管理的
生理與行為原則」，針對這四個面向，以下將做進一步說
明，並提供一些實務的方法。

養成健康的生活習慣

健康的生活習慣包括充足的睡眠、均衡健康的飲食、適度的休閒娛樂、良好且持之以恆的嗜好、規律的運動以及避免濫用藥物和酒精等。

充足的睡眠

現代人一早趕著上班，下班後則趕著玩樂，甚至徹夜不眠，這樣的生活習慣長期下來容易造成睡眠不足，很快便讓兩頭燒的蠟燭燃燒殆盡。所以必須建立規律的生活作息，該睡的時候就不要熬夜，睡眠一定要充足，不要養成過勞工作、過勞娛樂的生活習慣。

均衡健康的飲食

必須攝取足夠的蛋白質與水分，養成均衡的飲食習慣，不要攝取過油、過鹹、過甜及刺激性的食物。含咖啡因和酒精的飲料也應避免，最好多食用新鮮的蔬菜、水果和全穀類食物，減少精緻及加工食品。

攝取任何食物都要適量，暴飲暴食或是為了減肥過度節食、斷食，久而久之都將對身體造成傷害及病痛。

適度的休閒娛樂

很多人在工作的時候，常忘記提醒自己是人，而不是上帝、機器、電腦——忘了自己不是上帝，不可能事事親為；忘了自己不是機器，不可能全年無休；忘了自己不是電腦，不可能整天待在室內。

適度的休閒娛樂，是不可或缺的健康生活習慣。工作認真固然很好，但要了解自己的極限，工作之餘得多到戶外走動，接受陽光和大自然的洗禮，藉以放鬆身心的壓力。如果只懂得埋頭工作，不知道放鬆，久而久之，極可能產生身心的疾病，屆時就算花錢也不一定能解決問題。

即使是最厲害的NBA籃球明星——公牛隊的麥克・喬登或熱火隊的詹姆士，也不可能縱橫全場比賽都不休息。休息是為了走更長遠的路，當我們獲得足夠的休息後，頭腦會更清晰，無論做什麼都將更有效率，發揮最佳表現，也更能紓解壓力。

良好且持之以恆的嗜好

培養持之以恆的嗜好能讓人生增添許多健康色彩。當生活中的工作、學業或人際關係遇到挫折瓶頸時，持之以恆的嗜好將會協助我們較易調整心態、舒緩情緒。

　　不過，我想一定有許多人會說：「工作都忙到做不完
了，哪有時間做其他事情！」；連學生也常說：「讀書都
來不及了，哪有時間培養持之以恆的嗜好！」

　　其實，聰明的人絕對不會整天不休息的工作、讀書，
他們會抽空安排自己從事游泳、爬山、散步等活動，享受
做這些事情帶來的快樂。

　　事實上，快樂有層次之分：有些人在乎競爭式的快
樂——我快樂，因為我贏了你；我快樂，因為我金榜提名
考上了。有些人在乎條件式的快樂——我快樂，因為我買
了新車；我快樂，因為我股票賺大錢！

　　然而，真正的快樂應是「自覺性」的快樂。快樂不需

醫師小叮嚀

現代人待在室內空調系統中的時
間太多。記得給自己輕鬆片刻：
走出戶外，接近大自然，曬曬太
陽、看看遠山、白雲，自然能使
心情舒暢，壓力放鬆。

要任何頭銜、身分等有形的名利、物質來證明，而是在從事自己的興趣嗜好時，就會覺得心中喜悅、幸福。例如在游泳時即當下享受水中悠游、輕鬆舒服的快樂，而非透過游泳競賽拿到名次來決定快樂與否。換言之，快樂的重點應在於享受經歷游泳、爬山、散步的種種過程，而非最後的結果。

　　適度的休閒可以調整忙碌受壓的心靈，良好且持之以恆的嗜好則讓我們自得其樂、充滿自信，沉穩、輕鬆的因應生活中所面臨的各種壓力。

規律的運動

　　前文說過，「四肢發達，頭腦簡單」的說法是個誤解。現代許多腦科學研究指出，持續、適當的運動可以活化腦細胞，減少失智的機率，也可協助身心適度的放鬆，舒緩壓力所帶來的影響。

　　運動對身體除了可以減少脂肪、增進血液循環外，更重要的是它可以促進人體腦內化學成分「腦啡」的製造，讓人擁有好心情且更加樂觀。

　　運動時最好在陽光下，痛快流汗的感覺對減壓尤其有幫助。到健身房運動或游泳也是很好的選擇，但應避免在

太晚的時間從事過於激烈的運動，以免影響正常的飲食與
睡眠。

避免濫用藥物和酒精

　　面對壓力時，有些人會對酒精或藥物產生渴望，期望
從這些物質獲得暫時的抒解釋放，乃至藉此來逃避面對壓
力。然而，長期藉著服用酒精或藥物來處理壓力，很容易
產生心理及生理上的依賴，甚至產生上癮耽溺、無法自拔
的情況，危害健康之餘，還會導致生活、社交及工作功能
嚴重受損。本想減壓，但最後卻適得其反、得不償失。

　　因此，遇到壓力時，建議您避免以喝酒或服用藥物的
方式來逃避、緩解壓力，應當積極學習其他減壓方式，才
是健康面對壓力、處理壓力的態度。

持續、適當的運動可活化腦細胞、幫助身心適度放鬆，舒緩壓力帶來的影響，
讓人擁有好心情。

醫|學|小|常|識

什麼是腦啡？

「腦啡」的英文是endorphin，亦稱腦內啡、安多芬或內啡肽。

「腦啡」是人體自然的產物，負責傳遞訊號，作用在人腦的快樂中樞神經，產生欣快感，讓人心情愉悅、止痛並調節其他的荷爾蒙，等同天然的鎮痛劑。

有研究顯示，針灸可以刺激腦啡產生，進而產生止痛作用；個人正面的情緒及成就感會引發腦啡的產生（長期性的壓力則使腦啡產量降低，甚或消失）；透過靜坐、深呼吸能促進腦啡分泌；延續性、中量程度以上的規律運動也會促進腦啡的分泌。

英文中有「runner's high」（跑者的欣快感）一詞，當人體跑步跑到一個程度就會產生腦啡，所以對習慣慢跑的人來說，持續慢跑運動會讓他的心情愉悅，倘若停止慢跑運動十天半個月，他的心情就會受到影響。

　　也有研究指出，一對戀人在熱戀期會分泌大量腦啡，可是一旦過了熱戀期，關係轉為平淡時，縱使兩人天天見面，腦啡也不會產生了，這可能也是有些人須透過不斷的熱戀而產生快樂感受的原因之一。

　　可惜的是，人類在幾千年的歷史中，不小心發現由罌粟所提煉的鴉片，以及由鴉片提煉而成的嗎啡和海洛因，它們的化學結構和腦啡十分類似，但效用更強更快，時間也更久，被人體吸收之後，會出現成癮現象，使成癮者無法自拔。香菸中的尼古丁之所以會讓人成癮，也是因為它和人體的神經傳導物質「乙醯膽鹼」的結構非常相似，且效用更強。因此，當壓力太大想要放鬆時，千萬不要尋求嗎啡、海洛因等毒品的慰藉，最好連香菸也少碰為妙，以免染上癮頭，更傷害身體。

良好的時間管理

學會良好的時間管理，是減少壓力的重要前提。所謂良好的時間管理，就是將生活中需要處理的事情，依照輕重緩急區分後，規劃出具有通盤考量的運作計畫。

重要又緊急的事情，例如完成上司交辦的重要任務等，必須快刀斬亂麻、積極有效率地處理；重要但是不緊急的事情，像是身體保健、實現旅行的自我願望、家庭旅遊等享受人生的事物，就要分別訂定短期計畫、長期規劃，來一步步實行；不重要但緊急的事情，像是無聊的業務推銷這類事項，便要捨得或是勇於拒絕；不重要又不緊急的事情，例如看雜誌、看臉書、閒聊，就可以在正事告一段落時，當成調劑情緒的活動來做。

很多人面臨生活中不停接踵而來的大小事情時，容易產生手足無措、疲於應付的挫敗心情。此時不妨將事情區分出輕重緩急，依重要及緊急的程度一一規劃處理，這樣即使壓力臨頭，也能談笑風生。

【生活中的石頭理論】

一位管理學的教授在課堂上拿出一個空的廣口玻璃

瓶，然後將一堆像鴿子蛋大小的石頭一塊一塊地放進去，直到裝不下為止。接著他問學生：「瓶子裝滿了嗎？」大家回答說：「滿了。」這位教授又拿出一小桶黃豆大小的小石子，一邊往瓶子裡裝一邊搖晃瓶子，小石子從大石頭縫隙中擠進去了。教授又問：「瓶子滿了嗎？」這次大家提高了警覺，有人說：「可能沒有滿吧？」教授這時又拿出一小桶細沙，然後邊倒邊搖晃瓶子，結果細沙全流進大小石頭之間的縫隙中去了……

假設上述這位教授，先將細沙倒滿瓶子，那麼大石頭和小石子還裝得進去嗎？當瓶子的空間先被小東西占滿了，那麼不管再怎麼努力，大石頭都放不進去。這個實驗說明了一個重要的道理——玻璃瓶就好像是我們的生活，家人、朋友、重要事物好似大石頭，要先放進瓶子之後，才能依序填進小石子和沙子。也就是說，如果我們無法好好管理自己的時間，任由不是最重要的事物占據我們的生活，最後我們便沒有空間、時間，和生命中最重要的人事物相處。

學習身心鬆弛的技巧

學習身心鬆弛的技巧（relaxation technique），能讓我們在遭遇壓力時，以較為輕鬆自然的平常心去面對。當我們的身體得到放鬆，情緒上自然能夠舒緩。相反的，如果無法維持平常心，遇到壓力就像驚弓之鳥、過度緊張，反而讓自己的身心更緊繃、不易鬆弛。

身心鬆弛的技巧，並不一定要向他人學習，有些人藉由短暫激烈運動後的鬆弛，即可舒緩身體的壓力；也有人只要聽聽音樂、看看書、種種植物就可以讓自己放鬆；當然，有些人可能需要藉由腹式呼吸、瑜珈、自我催眠、生理回饋、肌肉放鬆訓練等來學習放鬆。

不論方法為何，重點在於要有一段沉靜的時間，讓自己沉思、整合、再充電，緩和身體在外界壓力下所產生的生理反應。一旦生理的反應緩和，心情、認知、想法也較容易冷靜下來。

當然身心鬆弛不全然等同於休閒娛樂。倘若有個人雖然每個週末都去打球，但其實是利用打球的機會跟客戶談生意、建立商界人脈，那麼這項休閒娛樂對就不一定具有放鬆的效果。

　　我們可以經由自我訓練，從身到心改變壓力反應模式。例如遇到壓力時，我們透過深呼吸來舒緩緊繃的肌肉，或者透過腹式呼吸及生理回饋來學習舒緩壓力。

　　現在市面上有些醫學儀器公司會出售像量指溫、心跳等生理回饋相關儀器，供個人或是診所使用，這是利用儀器監測心跳或是指溫數值的高低，來了解自己是處在緊張還是放鬆狀態。但透過儀器測量的生理回饋治療費用，從幾千到上萬元不等，所費不貲。因此我認為還是藉由腹式呼吸、肌肉放鬆訓練、瑜珈練習等方式，達到放鬆、紓解壓力比較經濟實惠，而且也一樣可以達到生理回饋的效能。

【腹式呼吸練習】

一、吸氣讓肚子膨脹起來，下腹部慢慢膨脹（如左圖），
　　把氣吸飽後，再由慢慢的吐氣，不要憋氣（如右圖）。

1. 吸氣

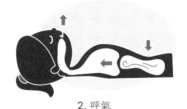

2. 呼氣

二、呼吸要深長而緩慢，吐氣為吸氣的兩倍長。

三、只要經過一段時間練習，讓腹式呼吸成為習慣時，無論是站著、坐著、行走，都可藉由呼吸吐納來調息。

醫｜學｜小｜常｜識

什麼是生理回饋？

「生理回饋」是將身體的細小生理訊號，透過儀器放大後傳遞給我們，以便於我們覺察到壓力與情緒對於身體的生理影響。生理回饋儀器所獲得諸如皮膚電阻、指溫等訊號，可以幫助我們辨識出自己是否處在緊張狀態，並且提醒我們注意自己做了什麼而使身體有緊張反應；然後提醒我們想想，可以做什麼來降低緊張程度。

讓人維持平靜、放鬆的狀態，是生理回饋的首要目標。適用於生理回饋的身體症狀包括緊張性頭痛、偏頭痛、胃痛、背痛、肌肉緊繃、皮膚癢、氣喘等，這些症狀導致日常生活受到嚴重的干擾，但有時遍訪醫師也無法找到根治的方法。事實上，有可能是因為持續高度緊

四、腹式呼吸能刺激副交感系統活性增加，調節自律神
　　經，心跳自然變緩，人也越來越放鬆。

張與壓力而造成或加重上述症狀，這時醫師就會建議進行
生理回饋治療，學習如何放鬆，以達到深度放鬆狀態。

　　通常我們對於壓力所造成的身體細微變化不自覺，
但藉由生理回饋儀器提供客觀的測量，可以讓我們確認
自己的生理狀態，再設法放鬆。一旦學會了放鬆，生理
回饋訓練能幫助我們控制生理反應及其症狀，並讓身體
不再苦於上述症狀。

　　經過反覆放鬆技巧的練習和壓力管理訓練之後，我
們逐漸察覺體悟出「放鬆」到底是怎樣的感覺，最後，
即使不用生理回饋儀器，也能夠達到良好的放鬆。

建立社會網絡與支持系統

　　一般人常說「要為自己存些老本」，這裡的「老本」通常是指金錢和健康。但除了此之外，人際關係（社會網絡與支持系統）也是一種老本。我們平日即應結交一些心靈相契的親朋好友，發生事情時，才有溝通傾訴的對象，這就是儲蓄人際網絡及心靈的本錢。當我們遭逢壓力時，便可以尋求周圍親友以及社會網絡的協助與支持，開放心胸傾訴和分享喜怒哀樂。如果社會網絡與支持系統願意聆聽、支持，或者真心分享彼此的經驗，那麼這樣相互扶持的人際關係對處理困難、舒緩壓力非常有益。

　　在動物研究中，我們也發現支持陪伴有紓壓的效果。成功大學醫學院行為醫學研究所的游一龍教授研究團隊，曾透過老鼠實驗來進行這項特別的研究。實驗過程中，給予老鼠無規則時距的電擊刺激，而後將其禁錮並浸泡水中，結果發現，接受壓力的老鼠在三十分鐘後，其體內的神經滋養因子呈現明顯下降的現象，且在六十分鐘後降到最低，顯見壓力的確會對神經滋養因子造成不小與持續的影響。

　　但若在經歷壓力的過程中，讓另一隻老鼠進去參與陪

伴，這個時候，受壓老鼠的神經滋養因子BDNF居然下降幅度有限，幾乎接近正常值。研究結果顯示，人類或動物在經歷壓力危急時，若有親友同伴陪伴、患難與共，可以改善其神經滋養因子的分泌量，認知功能的損傷也將有所緩解。

曾有人說，人的一生就像個拋接球的小丑，在長長的一生裡不斷的拋接著五顆球，其中一顆球是橡膠做成的，掉到地上還會彈起來，這顆球代表工作。另外四顆球都是玻璃做的，分別是健康、靈魂、家庭及朋友。

工作不應該是人生的全部，健康、家庭、朋友、靈

醫師小叮嚀

我們要建立自己的人脈存摺，這並非指金錢，而是人際的資源網絡。俗話說「多一個朋友多一條路，少一個朋友多一道牆」，所以我們平時就要多交朋友，與人談心，傾聽別人的聲音，把握每一個幫助別人的機會哦！

魂這四項才是我們必須珍惜掌握、好好經營的，其中，家庭、朋友、靈魂（或者是宗教）三者，即屬於社會網絡支持系統。每個人都應當要有情緒溝通、分享的對象，不要讓自己在心靈上孤獨無依。

綜合以上所述，人際關係及心靈的本錢越豐富，壓力調適公式的分母就越大，個體對於壓力的身心反應隨之縮小。良好的人際關係、能夠相互分享的朋友、可運用的社會資源，以及親友的感情支持，都可增加我們面對壓力時的潛能。

什麼時候需要看醫生？

　　如果出現了第五章第一節所說「壓力過大的警訊」，即使配合內在心態（認知與情緒原則）與外在行為（生理與行為原則），多管齊下進行壓力管理，仍無法改善壓力過大的情況時，就需要考慮求醫，否則狀況會逐漸惡化、干擾到原先應該有的社會角色，影響食欲、睡眠、作息及平時喜好的興趣，導致整個生活混亂，甚至有可能造成憂鬱症。

　　根據世界衛生組織統計，目前全世界約有3％的人口（兩億人）罹患憂鬱症。2006年行政院衛生署的資料則顯示，國內十八歲以上罹患憂鬱症的人口約有三十至三十六萬人，未經醫師診斷出來的患者，以及尚未發現、治療的潛在患者，更高達一百四十萬人左右。

　　一旦心力交瘁，罹患憂鬱症，不但會對患者及家人的生活造成重大影響，也會付出高額的社會成本。因此世界衛生組織已將憂鬱症與癌症、愛滋病並列為二十一世紀的三大疾病及衛教預防重點之一。

　　因此，我要特別從壓力調適多管齊下的觀點，討論如何紓解壓力，繼而預防憂鬱症的發生。

【情感失落的小明】

　　剛過完年的二月中旬，大學四年級下學期才開學，小明獨自一人呆坐在宿舍大廳的椅子上，久久沒有任何動作。舍監好心去看他，只見他表情淡漠不發一語，跟平常完全不一樣。

　　　舍監立即通知小明的父母，帶他去看醫師，醫師初步判斷小明為急性精神病發作，建議轉去急診並打了一針返家。小明的父母當時以為這樣就沒事了，沒想到小明回家之後根本不見好轉，他整晚不睡、口中念念有詞，仔細問他在想什麼，他說「完蛋了」、「一切都沒救了」，父母這下才驚覺事態嚴重。

　　小明住進臺大醫院的精神科病房，住院的前半個月，即使在用藥下看來也沒什麼效果。直到後來，醫療團隊召開會議說明小明的診斷是憂鬱症，小明也逐漸知道自己生病了，於是開始願意規律服藥，家人才慢慢感覺到病情有進步。

　　住院一個半月後，小明出院返回校園，還好大四下學期只剩一、二堂課，他的生病沒有耽誤學業，順利在六月拿到畢業證書。目前小明的病情控制得還不錯，還具有病識感，願意規律服藥與門診追蹤。目前家人安排小明在自

家公司擔任文書工作，希望能讓他順利發展工作能力。

　　對於寶貝兒子罹患憂鬱症，小明的父母一開始也是難以接受，根本沒想過小明需要看精神科醫師。後來仔細分析理解，認為兒子可能是感情出了問題。由於小明本身個性比較內向，幾乎沒什麼要好的同學，平常很少有吐露心事的對象，研判他可能是遭遇感情的挫折，造成心中壓力累積與崩盤，引發憂鬱症的發病。

【醫師的話】

　　平日就要累積本錢，發現病兆時，切勿遲疑，應及時就診！

　　案例中的小明由於本身個性內向，幾乎沒什麼要好的同學，平常也少有吐露心事的對象，因此支持系統能夠給予的支持與紓解有限。一旦出現困難（例如感情挫折），可能就會兵敗如山倒，演變為精神疾病。

　　所謂累積本錢，是指累積人際關係的本錢以及休閒的本錢。除了累積平日可以進行情感傾訴、分享的人脈之外，還要建立健康的宣洩壓力的方式，有充分的壓力抒解管道，才可以在有不時之需時讓我們的心理壓力得以適度調解。

　　社會支持對每個人來說都非常重要。平日就累積好本錢，喜怒哀樂都要有分享的對象，才不會因為長期壓抑情緒而沒有管道可以適度抒發，導致病態的發生。若一旦真的生病了，也千萬不要遲疑看病與就診，以避免情況惡化，越演越烈。

　　什麼時候需要看醫生？案例中的小明由於感情的失落，引發了一連串的反應，最後造成行為上的異常（例如呆坐著，久久沒有任何動作），嚴重到甚至要住院治療。雖然「家家有本難念的經」，每個人都有不同的個別狀況，但是無論如何，倘若已經沒有辦法進行規律的作息，甚至影響到個人的基本生理需求，就應當立即就醫、切勿遲疑。

　　一般來說，憂鬱症的病患服用抗憂鬱藥一、兩週後即可產生療效，但是透過調節BDNF修復大腦細胞，讓神經元細胞恢復健康，避免憂鬱症再度復發，則需要半年至一年的完整抗憂鬱藥物的療程。不過，個別的病患該如何用藥，仍要視專業醫師對於當事者之前的受壓狀況及事後服藥狀況來做判斷，因為抗憂鬱症藥物的副作用，會因個人對藥物的敏感度差異而有不同的反應，這些都需要和醫師討論處理。

　　當然，若不幸生病，之後的社會支持也很重要，只
有在家人與友人的支持協助下，憂鬱症患者才更有機會康
復。絕大多數患者的家屬，都是在病人住院之後，才對疾
病有更多的了解。由於患者住院期間，照顧者和醫護人員
的相處機會增多，建議照護者趁此機會與醫療團隊密切溝
通，不管是治療或藥物副作用的問題，都要徹底了解。決
定用藥之後，更要規則服藥。有些家屬會有錯誤的觀念，
認為「醫師開的藥，都要打折吃」，這項壞習慣一定要根
除，照顧者要有決心和耐心，才能真正幫助憂鬱症患者。

【結語】

開心學會紓壓之道

隨著人類文明的快速進展，以及社會環境、政經局勢的詭譎多變，現代人普遍承受著不小的壓力，也都曾體會過因壓力造成沮喪、焦慮、恐懼、憂鬱、憤怒等情緒，或帶來生理上的不適。許多人有個普遍的疑問是，在什麼情況下，壓力可以經由生活上的自我調整、安排而改善，而什麼時候又應該去看醫生呢？

如果您有充分的壓力抒解管道，例如以健康的宣洩壓力的方式，或者支持系統、人際網絡夠多，或者知道如何妥善安排工作與生活的節奏，這時可以選擇自行處理，或向周邊的人求援，應該就能有效緩解壓力。

相反的，如果缺乏支持系統及傾訴的對象，或找不到壓力的宣洩管道，壓力累積到身體已經出現嚴重的狀況，甚至引發了憂鬱或焦慮症狀，造成嚴重的睡眠、飲食失序現象，例如沒有惡性疾病，體重卻明顯減輕；產生負面想

法、情緒低落；日常生活興趣減低，不願外活動，嚴重影響生活作息，甚至有過輕生的念頭，這時就應求助精神科醫師的專業意見與治療，才能正確、有效的抒解壓力，預防後續可能產生的憂鬱症。

　　針對壓力所引起的身心疾病，在求醫的治療過程中，藥物只是治療的方式之一，不是治療的全部。藥物治療仍須配合規律的作息、運動等多管齊下的方法，才會有良好的效果。其實，經過本書的詳細解析，我們只要注意身心所透露出的線索，就可以知道自己的壓力是否得到適當的抒解。

　　在本書最後，想與讀者分享一首詩。晉朝的陶淵明，是中國文學史上著名的隱逸詩人，多次拋棄榮華富貴，辭官歸隱，持守平靜淡然的生活，真正達到自我實現的境界。從他的作品〈飲酒詩〉中不難看出自然流露的人生觀與淡然遺世的生命態度，我就以陶淵明所著二十首飲酒詩中的第五首，與各位讀者分享：

　　結廬在人境，而無車馬喧；
　　問君何能爾，心遠地自偏。
　　採菊東籬下，悠然見南山；

山氣日夕佳，飛鳥相與還。

此中有真意，欲辯已忘言。

　　生活在步調匆忙、諸事紛擾的工商社會（人境）中，隨時隨地都可能有外物干擾我們，使心情受到外界環境（車馬喧）的影響。「心遠」是心不隨外物影響的境界，是心境與修為不斷調整、學習的結果，也就是本書中所提出的壓力調適公式分子（個人對於壓力因子的主觀評估）的最高境界。

　　心自在了，外在干擾的壓力因子再怎麼多，也都還能聽見鳥語、跳脫塵世，達到返璞歸真的境界，擺脫壓力對我們的負面影響。

　　祝福每一位讀友，都可以開心學會紓壓之道，享受快樂豐富的人生！

【附錄】

延伸閱讀

- 《宅男宅女症候群：與社交焦慮症共處》，2014，林朝誠，心靈工坊。
- 《放輕鬆，不焦慮：自律神經的保健之道》，2013，林奕廷，心靈工坊。
- 《夜夜好眠：擁抱睡神，不再失眠》，2013，陳錫中，心靈工坊。
- 《壓力下竟能表現更好！：為什麼有些人一路向上，有些人卻原地打轉？》，2012，賈斯汀．曼克斯（Justin Menkes），天下雜誌。
- 《新CEO：做自己的情緒總管》，2012，奇普．康利（Chip Conley），時報。
- 《想法改變，壓力就消失了》，2012，吳娟瑜，大智通。
- 《放輕鬆：揮別壓力的正念減壓法》，2012，傑弗瑞．布蘭特力（Jeffrey Brantley），法鼓。
- 《親愛的，我把壓力變小了：最有效的緩解壓力放鬆術》，2011，牧心，華冠文化。
- 《這樣想，你會更快活：卡內基解壓方程式》，2010，黑幼龍、楊麗玲，天下文化。
- 《聰明的餅乾壓不碎：找回你的天賦抗壓力》，2010，瓊恩．波利森科（Joan Borysenko），張老師文化。
- 《大腦當家：靈活用腦12守則，學習工作更上層樓》，2009，約翰．麥迪納（John Medina），遠流。
- 《聖嚴法師108自在語》，2009，聖嚴法師，聖嚴教育基金會。
- 《壓力人生：情緒管理與健康促進》，2006，李明濱，健康世界。
- 《輕鬆抗壓》，2006，凝子，萬里機構。
- 《為什麼斑馬不會得胃潰瘍？：壓力、壓力相關疾病及因應之最新守則》，2001，Robert M.Sapolsk，遠流。

親愛的我，你好嗎？

作者從高二到大學時代，一直受苦於「快速循環型躁鬱症」，痊癒之後，她勇敢發表生病時期的日記、給親友和醫生的信件，呈現靈魂風暴中的內心世界。

思瑀⊙著　　　ST012 / 248頁 / 定價260

斯賓諾莎問題

★媒體報導：自由時報

當代精神醫學大師歐文亞隆的哲學家三部曲，氣勢磅礴之最終篇，精采問世！

歐文·亞隆⊙著
易之新⊙譯　　ST013 / 448頁 / 定價420

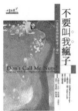

不要叫我瘋子

【還給精神障礙者人權】

★文榮光、王行、李明濱、沈楚文、金林、胡海國、陳珠璋聯合推薦

本書是為精神障礙患者和家屬的權益而寫，是國內第一本為精神疾病患者及家屬高呼不平、伸張人權的自助書。

派屈克·柯瑞根、羅伯特·朗丁⊙著
張葦⊙譯　　　SH001 / 368頁 / 定價380

他不知道他病了

【協助精神障礙者接受治療】

★文榮光、沈楚文、金林、胡海國、陳珠璋聯合推薦

為「缺乏病識感」患者的家屬及專業醫護人員所寫的實用自助書，清晰易懂，在文字之間充滿細心的感情。

哈維亞·阿瑪多、安娜麗莎·強那森⊙著
魏嘉瑩⊙譯　　　SH002 / 232頁 / 定價250

愛，上了癮

【撫平因愛受傷的心靈】

★行政院衛生署國民健康局「2004健康好書」心理健康類首獎！
★張曼娟紫石作坊「優紫／質良品」年度推薦
★朱衛茵、孫中興、謝文宜聯合推薦

伊東明博士⊙著，廣梅芳⊙譯，王浩威⊙策劃
顏薇玲⊙審閱　　　SH003 / 320頁 / 定價280

孩子，別怕

【關心目睹家暴兒童】

這本書是為了所有關心幼童的人而寫。不論政府部門或是相關輔導人員，都可以將這本書當作入門參考書，以減少盲目的摸索，迅速領會到幫助受害兒童的竅門。

貝慈·葛羅思⊙著，劉小菁⊙譯
洪素珍⊙審閱　　　SH004 / 200頁 / 定價240

割腕的誘惑

【停止自我傷害】

★行政院衛生署國民健康局『2004健康好書』心理健康類首獎！
★洪素珍、李開敏、黃心怡推薦

以深入淺出的專業觀點，協助個案展開「重建」與「療癒」的歷程。

史蒂芬·雷文克隆⊙著，李俊毅⊙譯
王浩威⊙策劃審閱　　SH005 / 288頁 / 定價300

我的孩子得了憂鬱症

【給父母、師長的實用指南】

父母和師長更藉本書了解青少年憂鬱症，協助孩子進行治療，帶著信心陪同孩子邁向快樂健康成人的道路。

法藍西斯·孟迪爾⊙著，陳信昭、林維君⊙譯
王浩威⊙策劃　　　SH006 / 368頁 / 定價360

我和我的四個影子

【邊緣性病例的診斷與治療】

邊緣人格的傾向，其實觸及人性宿命的弱點，諸如害怕寂寞、內心茫然空虛、以及極端的情緒，每個人都曾有過；它乍看很神秘，但透過它，可讓我們對人類的深層心理有更深刻的體會。

平井孝男⊙著，廣梅芳⊙譯
顏薇玲⊙策劃　　　SH007 / 320頁 / 定價350

愛你，想你，恨你

【走進邊緣人格的世界】

★張玨、許文耀 聯合推薦

第一本以通俗語言介紹邊緣人格的專書，具有不容忽視的重要位置，不只可作為專業人士參考，更可為患者、家屬、社會大眾打開一扇理解之窗，減輕相處過程中的挫折與艱辛。

傑洛·柯雷斯曼、郝爾·史卓斯⊙著
邱約文⊙譯，王浩威⊙審閱、導讀
SH008 / 272頁 / 定價300

親密的陌生人

【給邊緣人格親友的實用指南】

★蔡榮裕、張凱理、周勵志 聯合推薦

專為邊緣人格親友所寫的實用指南。書中提出明確的策略和實際的做法，教導邊緣人格親友如何有效面對、處理邊緣人格者的種種異常行為，並照顧好自己。

保羅·梅森·蘭蒂·克雷格⊙著，韓良憶⊙譯
王浩威⊙審閱　　　SH009 / 328頁 / 定價350

躁鬱症完全手冊

★行政院衛生署國民健康局「2007健康
　好書．閱讀健康」心理健康類推介獎
★《今日心理學》雜誌好評推介、破報新
　書介紹

帶你理解躁鬱症的成因、癥狀與醫療
方式，及躁鬱症對兒童及青少年的影
響…

福樂‧托利、麥可‧克內柏⊙著
丁凡⊙譯
湯華盛⊙審閱　　　SH010/448頁/定價500

老年憂鬱症完全手冊

【給病患、家屬及助人者的實用指南】

★廖榮利、孫越、黃正平、胡海國、王
　浩威、陳韺推薦

本書以平實易懂的文字，為關心老年
憂鬱症的讀者提供完整實用的豐富資
訊。

馬克‧米勒、查爾斯‧雷諾三世⊙著
李淑珺⊙譯，湯華盛⊙審
王浩威⊙策劃，台灣心理治療學會⊙合作出版
SH011/288頁/定價320

酷兒的異想世界

國內第一本介紹酷兒青少年成長需求
的心理專書，是父母和師長的教養手
冊，也是專業助人者的實用指南。

琳達‧史東‧費雪、雷貝卡‧哈維⊙著
張元瑾⊙譯　　　SH012/328頁/定價380

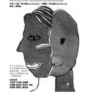

原來，愛要這麼做

本書為身陷無性婚姻深淵、吃盡苦頭
的夫妻指引一條明路。書中提出一套
循序漸進的做法和實用的技巧，是一
本顧生理與心理兩大層面、觀點周全
且深入淺出的「性愛大全」。

巴瑞‧麥卡錫、艾蜜莉‧麥卡錫⊙著
廖婉如⊙譯　　　SH013/288頁/定價320

是躁鬱，不是叛逆

由美國躁鬱症權威醫師、心理治療師聯
手寫作，閱讀本書可了解青春期躁鬱症
的種類、症狀、了解如何在藥物和心理
治療間找到平衡，以及認識發病的早期
跡象、尋求和學校有效合作的可能。

大衛‧米克羅威茲、伊利莎白‧喬治⊙著
丁凡⊙譯　　　SH014/352頁/定價380

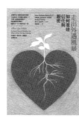

走出外遇風暴

【如何重建信任與親密】

★外遇療癒終極聖經

外遇似乎是愛情的絕症。但其實，危
機也可以是轉機，外遇是伴侶重新鞏
固感情的絕佳機會。

珍妮絲‧亞伯拉罕‧史普林、麥可‧史普林⊙著
林婉華⊙譯　　　SH015/336頁/定價350

哭泣的小王子

【給童年遭遇性侵男性的療癒指南】

★第一本專門為男人而寫的經典之作

本書關注曾經遭遇亂倫或性侵的男性受
害者，探討性虐待所造成的影響，了解
成年男性倖存者的痛苦、需求、恐懼和
希望，以及尋找從中復原的方法。

麥可‧陸⊙著，陳郁夫、鄭文郁等⊙譯
洪素珍、林妙容⊙審閱
SH016/384頁/定價400

愛我，就不要控制我

【共依存症自我療癒手冊】

梅樂蒂‧碧媞，可說是自我成長類書
籍的教主。25年前，她讓全世界認識
了「共依存」這個詞，今天，她以本書
澄清人們對於共依存症的誤解，也發
現了共依存行為如何轉變，為新世代
提供了通往身心健康的指引。

梅樂蒂‧碧媞⊙著
蘇子堯、許妍飛⊙譯　SH017/288頁/定價320

陪孩子面對霸凌

【父母師長的行動指南】

面對霸凌，我們不必過度恐慌。因為，
霸凌是學來的行為，它同樣可透過學
習而修正、改變。霸凌包含了三種角
色：小霸王、出氣筒、旁觀者。本書
更追本溯源，探討家庭環境對孩子性
格的影響，以及學校該如何輔導處置。

芭芭拉‧科婁羅索⊙著
魯宓、廖婉如⊙譯　　SH018/264頁/定價280

教我如何原諒你？

全書以豐富的個案故事，涵蓋親子、
師生和夫妻之間的背叛傷痕；擺脫陳
腔濫調，在原諒和不原諒之間，呈現
動態的連續光譜。充滿力量的嶄新觀
點，讓受苦雙方跳出漩渦，踏上真誠
和解之路！

珍妮絲‧亞伯拉罕‧史普林、麥可‧史普林⊙著
許琳英⊙譯　　　SH019/336頁/定價360

臺大醫師到我家・精神健康系列
開心紓壓：給壓力一族的心靈妙方
Stress relief：Live a happy, healthy life
作　　者—謝明憲（Ming H. Hsieh）

總 策 劃—高淑芬
主　　編—王浩威、陳錫中
合作單位—國立臺灣大學醫學院附設醫院精神醫學部
贊助單位—財團法人華人心理治療研究發展基金會

出 版 者—心靈工坊文化事業股份有限公司
發 行 人—王浩威　　　總 編 輯—王桂花
文稿統籌—林　芝　　　主　　編—黃心宜
文字整理—林秋芬　　　特約編輯—王祿容
美術編輯—黃玉敏　　　內頁插畫—吳馥伶

通訊地址—106 台北市信義路四段53巷8號2樓
郵政劃撥—19546215　　戶名—心靈工坊文化事業股份有限公司
電話—02）2702-9186　　傳真—02）2702-9286
Email—service@psygarden.com.tw
網址—www.psygarden.com.tw

製版・印刷—中茂分色製版印刷事業股份有限公司
總經銷—大和書報圖書股份有限公司
電話—02）8990-2588　　傳真—02）2990-1658
通訊地址—242台北縣新莊市五工五路2號（五股工業區）
初版一刷—2014年9月　ISBN—978-986-357-014-1　定價—240元

國家圖書館出版品預行編目（CIP）資料

開心紓壓：給壓力一族的心靈妙方／謝明憲作.
　-- 初版. -- 臺北市：　心靈工坊文化，2014.09
　　面；公分（MentalHealth；9）（臺大醫師到我家，精神健康系列）
　　ISBN 978-986-357-014-1（平裝）

　1.壓力　2.抗壓　3.生活指導

176.54　　　　　　　　　　　　　　　　　　103017241

心靈工坊 書香家族 讀友卡

感謝您購買心靈工坊的叢書，為了加強對您的服務，請您詳填本卡，
直接投入郵筒（免貼郵票）或傳真，我們會珍視您的意見，
並提供您最新的活動訊息，共同以書會友，追求身心靈的創意與成長。

書系編號—MH 009　　書名—開心紓壓：給壓力一族的心靈妙方

姓名　　　　　　　　　　是否已加入書香家族？ □是　□現在加入

電話（O）　　　　　　（H）　　　　　手機

E-mail　　　　　　　　　生日　年　　月　　日

地址 □□□

服務機構（就讀學校）　　　　　　職稱（系所）

您的性別—□ 1. 女 □ 2. 男 □ 3. 其他

婚姻狀況—□ 1. 未婚 □ 2. 已婚 □ 3. 離婚 □ 4. 不婚 □ 5. 同志 □ 6. 喪偶
□ 7. 分居

請問您如何得知這本書？

□ 1. 書店 □ 2. 報章雜誌 □ 3. 廣播電視 □ 4. 親友推介 □ 5. 心靈工坊書訊
□ 6. 廣告 DM □ 7. 心靈工坊網站 □ 8. 其他網路媒體 □ 9. 其他

您購買本書的方式？

□ 1. 書店 □ 2. 劃撥郵購 □ 3. 團體訂購 □ 4. 網路訂購 □ 5. 其他

您對本書的意見？

封面設計　　　　　□ 1. 須再改進 □ 2. 尚可 □ 3. 滿意 □ 4. 非常滿意
版面編排　　　　　□ 1. 須再改進 □ 2. 尚可 □ 3. 滿意 □ 4. 非常滿意
內容　　　　　　　□ 1. 須再改進 □ 2. 尚可 □ 3. 滿意 □ 4. 非常滿意
文筆／翻譯　　　　□ 1. 須再改進 □ 2. 尚可 □ 3. 滿意 □ 4. 非常滿意
價格　　　　　　　□ 1. 須再改進 □ 2. 尚可 □ 3. 滿意 □ 4. 非常滿意

您對我們有何建議？

廣 告 回 信
台北郵局登記證
台 北 廣 字
第 1 1 4 3 號
免 貼 郵 票

心靈工坊
|PsyGarden|

10684 台北市信義路四段 53 巷 8 號 2 樓
讀者服務組　收

免　貼　郵　票

（對折線）

加入心靈工坊書香家族會員
共享知識的盛宴，成長的喜悅

請寄回這張回函卡（免貼郵票），
您就成為心靈工坊的書香家族會員，您將可以——

隨時收到新書出版和活動訊息
‧‧‧‧‧‧‧‧‧‧‧‧‧‧‧‧‧‧
獲得各項回饋和優惠方案
‧‧‧‧‧‧‧‧‧‧‧‧‧‧‧‧‧‧